基礎からわかる
不動産信託受益権取引の実務

衣川信行 著

Practice of
Real Estate Trust
Beneficiary
Right Transactions

中央経済社

は じ め に

　不動産信託受益権の取引と聞いた途端，手間がかかる，面倒だ，慎重さを要するなど，ネガティブなイメージを抱く不動産の販売担当者が多いのではないでしょうか。なかには，会社のルールが厳しくて，誰か不動産信託受益権の得意な担当者に助けてもらわないと，取引が進められなくなるという方もいらっしゃるのではないでしょうか。

　また，宅地建物取引士で不動産取引なら自信を持って取り組んでいる方でも，不動産信託受益権を苦手と思うのは，現物不動産の取引と同じように見えて少しだけ違いがあるからと思われます。少しだけ違うというのが，実は一番厄介なことなのです。そして不動産信託受益権を監督する役所が少々厳しめということも，影響しているかもしれません。

　私の周りにも，不動産の販売について実績もあり優秀であるにもかかわらず不動産信託受益権が不得手の担当者が多くいます。そんな方々のお役に少しでも立てれば……と思って書いたのが本書です。

　不動産信託受益権の取引がより活性化し，そしてそれらの取引を担当する方々の業務が少しでもスムーズに進むことを祈っています。

2024年12月

衣川　信行

目　次

はじめに　i

第1章
不動産信託受益権とは ——————————— 1

1　不動産信託受益権とは何か　1

2　不動産信託の仕組み　3

3　不動産信託受益権を使う理由　7

第2章
不動産信託受益権の売買取引 ——————— 11

1　信託受益権の譲渡　11

2　信託受益権の終了　13

3　取引と行為　14

4　現物不動産取引との違い　17

5　家族信託　19

第3章
金融商品取引法 ———————————————— 23

1 金融商品取引法とは　23

2 金融商品取引業者　25

3 守らなくてはならない行為規制　27

4 特定投資家制度　29

5 適合性の原則　37

6 法定書面による情報の提供　41

7 広告規制　44

8 法定帳簿と保存帳票　46

第4章
売買に関係する主な法規制 ———————————— 52

1 金融サービスの提供及び利用環境の整備等に関する法律
　52

2 宅地建物取引業法　55

3 犯罪による収益の移転防止に関する法律　60

4 個人情報の保護に関する法律　66

目　次　III

第5章
実務の手順 ————————————————— 71

1　立場の整理　71

2　私　　募　73

3　売　　買　79

4　私募の取扱い　85

5　媒　　介　91

6　現物不動産との手続比較　95

第6章
業者登録と報告届出 ———————————— 103

1　第二種金融商品取引業の登録　103

2　事業報告書の提出　107

3　業者の各種届出　109

第7章
コンプライアンス態勢 ———————————— 113

1　内部態勢の構築　113

2　態勢の維持　116

IV 目　次

    3　苦情やトラブルへの対処　119

    4　証券検査　121

第8章
不動産証券化とは ——————————— 129

    1　不動産証券化とは　129

    2　証券化のメリット　131

    3　成り立ち　134

    4　マーケットの状況　136

第9章
不動産証券化の仕組み ——————— 141

    1　基本的な構造　141

    2　器に求められる要件　143

    3　4つのスキーム　145

    4　スキームのまとめ　152

    5　資金の調達　154

    6　アンバンドリング　157

索　引　163

凡　　例

法律・政省令等	
略称	正式名
業府令	金融商品取引業等に関する内閣府令（平成19年内閣府令第52号）
定義府令	金融商品取引法第二条に規定する定義に関する内閣府令（平成5年大蔵省令第14号）
金融サービス提供法	金融サービスの提供及び利用環境の整備等に関する法律（平成12年法律第101号）
犯罪収益移転防止法	犯罪による収益の移転防止に関する法律（平成19年法律第22号）

第1章 不動産信託受益権とは

　不動産信託受益権という聞き慣れない言葉ですが，不動産証券化などでは多く使われています。不動産信託受益権とはどのようなものか，また，どうして不動産信託受益権が使われるのでしょうか。

1　不動産信託受益権とは何か

　現物不動産だと思っていたら，権利が所有権ではなく「信託受益権」だったということがあります。一戸建てや区分所有マンションなどの居住用不動産ではまだ少ないのですが，オフィスビルや一棟売りの賃貸マンションのようなテナントのいる収益不動産では，たびたび登場してきています。物件そのものを見ても現物不動産と何ら変わることはありませんが，信託受益権と聞くとそれがどのようなものかわからない方もいるのではないでしょうか。

　のちほど説明する不動産証券化，いわゆる不動産ファンドに関係する取引では不動産信託受益権が多く使われています。不動産証券化においては，所有権より不動産信託受益権のほうが使い勝手がいいからです。ということは，事業用不動産取引や不動産証券化に関係する不動産を取り扱うプ

2　第1章　不動産信託受益権とは

レーヤーは，不動産信託受益権を理解しておくことが必要になるといえます。

　この不動産信託受益権の売買取引で厄介なのは，現物不動産（所有権）での売買であれば宅地建物取引業者が関与すればいいのですが，不動産信託受益権の売買に関しては金融商品取引法に基づく取引となり，第二種金融商品取引業の登録をした業者でないと取引に関与できないことです。もしも，第二種金融商品取引業者ではない宅地建物取引業者が，知らないうちに不動産信託受益権売買に関与すると，無登録営業など金融商品取引法違反となり重い罰則が下されることになりますので注意してください。

〈現物不動産と不動産信託受益権取引〉

現物不動産	不動産信託受益権
売主 ➡ 買主	売主 ➡ 買主
現物不動産	不動産信託受益権
⬆	⬆
宅地建物取引業者	第二種金融商品取引業者

　では，不動産信託受益権とはどのようなものなのでしょうか。簡単に言いますと次の2つの権利になります。

---

①　信託した不動産から生じる収益を受け取る権利
②　信託した期間が終了した場合に，元本である不動産を受け取る権利

投資する不動産から生じた収益を得たり，購入時と売却時の差益を得られたりするということにおいては，所有しているのと同じような効果である果実を得られるともいえます。

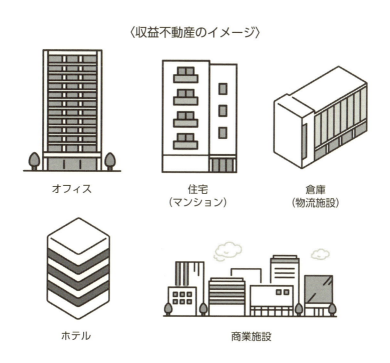

〈収益不動産のイメージ〉

オフィス　住宅（マンション）　倉庫（物流施設）

ホテル　商業施設

2　不動産信託の仕組み

　信託とはどのような内容なのでしょうか。そもそも信託とは，自分が持つ財産を信頼できる第三者に託して，自ら定めた目的に基づいて管理や運用などをしてもらう仕組みです。そして，不動産信託というのは信託する財産が不動産になり，不動産の信託を受けた者は定められた目的に従って不動産の管理・運用・処分を行うものです。

　信託するにあたり次の3つの当事者が登場します。

① 委託者

　現物の不動産を所有していて，その不動産を信託する者をいいます。次の②の受託者と信託契約を締結して，不動産の所有権を移転させます。特に，最初に不動産を所有していた委託者を，2回目以降の所有者と区別して「当初委託者」または「オリジネーター」と呼びます。

② 受託者

　委託者から不動産の所有権の移転を受け，不動産の管理・運用・処分を行う者をいいます。受託者は，委託者が決めた目的に沿って，「受益者のために」信託された財産を管理・運用し，その結果，生じた利益を受益者に交付します。

　受託者になるのは，通常は信託銀行か信託会社です。信託会社は，信託業を行うことについて信託業法に基づく免許または登録を受けた会社で，国内に数十社あります。

③ 受益者

　信託された財産から生じた利益を受け取る者です。信託された財産は受託者のもとで管理・運用され，それにより生じた利益が受託者から受益者へ渡されます。

〈3つの当事者〉

委託者
受益者

信託（譲渡）
信託受益権発行

受託者
（信託銀行・信託会社など）

2　不動産信託の仕組み　5

〈不動産信託の仕組み〉

当初委託者
土地建物

信託

受託者
（信託銀行など）

当初委託者
兼　受益者
受益権

受益権の発行

受託者
（信託銀行など）
土地建物

　受益者は委託者が決めますが，不動産信託では委託者が受益者となるのが一般的です。また，受益者は個人でも法人でもなることができます。

　不動産信託の仕組みとしては，まず当初委託者である不動産の所有者が，受託者である信託銀行などの受託者との間で信託法に基づいた信託契約を締結し，不動産の所有権が受託者に移転します。受託者は，当初委託者である受益者に対して信託受益権を発行します。そして，委託者であり受益者である元の所有者が，受託者に当該不動産の管理・運用・処分を指図して行わせ，受益者が不動産から生じる収益を配当として受け取ることになります。

　ただし，不動産信託受益権は受託者の合意がないと成り立ちませんので，受託者の受託基準に合っていることが求められます。例えば，対象となる不動産の耐震性や管理状況に問題があったり遵法性に欠けたりすることなどがあると，受託者に受託してもらえず信託受益権にできないということもあり得ます。

　現物不動産を不動産信託受益権に変換するに際しては，受託者である信託銀行などに当初信託報酬の支払が必要となり，信託期間中は期中信託報

6　第1章　不動産信託受益権とは

酬が必要となります。また，信託受益権の譲渡により受益者が変更になる場合には，処分信託報酬の支払が必要となることがあります。

●　信託受益権と登記

　不動産信託受益権が設定されると，委託者から受託者への所有権移転登記がなされますが，同時に，当該不動産が信託財産に属することを公示，つまり誰の物なのかをわからせるために信託登記が行われます。この登記は，当該不動産が信託銀行などの受託者の固有財産ではなく信託財産に属することを公示するためのものになります。したがって，信託登記がないと受託者や受益者は第三者に対して，信託財産であることを主張することができなくなります（信託法14条）。

　ただし，信託受益権譲渡の対抗要件，つまり法律上の権利関係を他人である第三者に対して主張するための要件は，受託者の書面による承諾によって具備されます。現物不動産のように登記自体には対抗要件がありません。

　信託登記がなされると，登記簿の甲区に信託目録番号が記され，末尾に信託目録が付されます。信託目録には，委託者・受託者・受益者の住所や名称，信託の目的，信託財産の管理方法など，信託契約書の主要な部分を要約した内容が記載されます。つまり，信託の受益者などの当事者や信託契約の内容について，信託目録で確認できるということです。

〈登記簿（一部）のイメージ〉

権 利 部 （ 甲 区 ）		（所有権に関する事項）	
順位番号	登記の目的	受付年月日・受付番号	権利者その他の事項
1	所有権保存	令和○年○月○日 第○○○○号	所有者　東京都×× ××不動産株式会社
2	所有権移転	令和○年○月○日 第○○○○号	原因　令和○年○月○日信託 受託者　東京都×× ××信託銀行株式会社
	信託	余白	信託目録第52号

信 託 目 録		調整	余白
番　号	受付年月日　受付番号	予　備	
第52号	令和○年○月○日 第○○○号	余白	
1 委託者に関する事項	東京都×× ××不動産株式会社		
2 受託者に関する事項	東京都×× ××信託銀行株式会社		
3 受益者に関する事項	東京都×× ××合同会社		
4 信託条項	Ⅰ．信託の目的 ・・・・・・・・・・・・・・		

3　不動産信託受益権を使う理由

　不動産証券化において，物件の買主であるファンドが現物不動産ではな

く不動産信託受益権での譲渡を希望することが多くあります。特に，売主が売却しようとしている物件が現物不動産であるならば，そのまま売却したほうが簡単と思うでしょう。また，不動産信託受益権を購入して保有する場合には，受託者である信託銀行などに対して信託報酬の支払が伴うことになります。

にもかかわらず不動産信託受益権が利用されている背景には，主に次の理由があります。

---

① 不動産流通税の節約
② 不動産特定共同事業法の適用回避
③ 信託銀行の機能の活用

まずは，①の不動産流通税の節約，つまり節税があげられます。現物不動産の売買時には，不動産取得税や登録免許税などの流通税がかかってきますが，売買金額が大きいほどこの税額は重い負担となります。不動産信託受益権の売買取引では不動産取得税はかからず，登録免許税もかなり安価で済みます。

登録免許税は，現物不動産の場合，不動産価格の4％となっていますが，不動産信託受益権の場合，信託登記が不動産価格の0.4％，受益者変更が不動産個数1件について1,000円で済みます。さらに，売買契約書ごとに貼付する契約書の印紙税は，現物不動産の場合，売買金額により異なりますが5億円を超えると16万円から48万円（軽減税率適用中）が必要となり，不動産信託受益権は信託契約書と譲渡契約書ともに200円で済みます[1]。

ファンドは，投資不動産の運用期間を数年程度の比較的短期の運用期間

1　上記の税率・税額は2024年11月現在のものです。

を定めて投資対象の不動産を購入し，運用後に売却していきます。このため，購入時と売却時の流通税負担を減らすメリットは大きいといえます。

次に，②の不動産特定共同事業法の適用を受けないため，ということがあります。現物不動産を証券化の投資対象とした場合は，現物不動産の小口化に当たるため，不動産特定共同事業法の人的や財産的などの規制を受けてしまいます。不動産特定共同事業を営むためには，国土交通大臣または都道府県知事の免許が必要となります。一方，証券化における不動産信託受益権を保有する会社（器）は，従業員を雇用していないペーパーカンパニーであるSPC（特定目的会社）などが主であるため，免許取得に必要となる高い要件を満たすことが困難です。投資対象を不動産信託受益権にした場合，受益権は有価証券になるため金融商品として扱われ，不動産特定共同事業法の対象とはなりません。

加えて，③の信託銀行の機能を活用できるという点があります。証券化事業の推進にはスキルの高い様々なノウハウが必要となりますが，信託受益権の受託者である信託銀行は，投資不動産である資産の運用など多くの質の高い機能を保持しています。この信託銀行の機能を，事業遂行にうまく活用できるからです。信託銀行は，信託を引き受けるに際して信託するのに適正な物件かどうかを精査しますが，このことにより投資物件としての適格性を強固にできることも，大きなメリットとなっています。

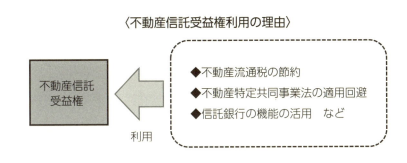
〈不動産信託受益権利用の理由〉

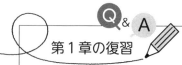

第1章の復習

Q1：不動産信託受益権とはどのようなものか。
A1：次の2つの権利になります。
　① 信託した不動産から生じる収益を受け取る権利
　② 信託した期間が終了した場合に，元本である不動産を受け取る権利

つまり，所有しているのと同じような効果を得られるともいえます。

Q2：信託とはどのような内容ですか。
A2：信託とは，自分が持つ財産を信頼できる第三者に託して，自ら定めた目的に基づいて管理や運用などをしてもらう仕組みです。そして，不動産信託というのは託す財産が不動産になり，不動産の信託を受けた者は定められた目的に従って不動産の管理・運用・処分を行うものです。

Q3：不動産信託受益権譲渡の対抗要件（法律上の権利関係を他人である第三者に対して主張するための要件）は何になりますか。
A3：受託者の書面による承諾によって具備されることになります。

Q4：どうして現物不動産ではなく不動産信託受益権が利用されるのでしょうか。
A4：主に次のことがあります。
　① 不動産流通税の節約
　② 不動産特定共同事業法の適用回避
　③ 信託銀行の機能の活用

第2章
不動産信託受益権の売買取引

不動産信託受益権は通常の現物不動産と同じように売買されて流通し，信託受益権を終了して現物不動産に戻すことができます。

1 信託受益権の譲渡

不動産信託受益権は第三者に譲渡できますので，売買が繰り返されることによって，受益者が転々と替わって行くこともあります。

不動産信託受益権の場合は，受益権の譲渡について受託者の承諾を要するとする譲渡制限を，信託契約において定めていることが通例となっています。第1章でも述べましたが，この受託者の譲渡承諾こそが信託受益権取引の対抗要件となるので，譲受者は受託者の確定日付が記載された書面を取得することが必要となります。現物不動産の譲渡においては，所有権の移転登記が対抗要件となっていますが，信託登記は公示するだけのものになり法律上の権利を第三者に主張できません。

実務においては，事前に受託者の承諾を得ておくことになります。信託銀行などの受託者は，譲受者の属性や資力などを確認して諾否を決めることになりますので，手続には多少の期間を要します。譲渡に伴って，不動

12　第2章　不動産信託受益権の売買取引

〈信託不動産の譲渡〉

＜譲渡前＞　　　　　　　　　　　　＜譲渡後＞

受益権

譲渡者
（売主）

受益権
譲渡

受益権

譲受者
（買主）

信託契約　　　承諾

信託契約

受託者
（信託銀行など）

土地
建物

受託者
（信託銀行など）

土地
建物

産信託受益権の委託者の地位も譲渡されることが一般的で，信託財産である不動産ならびに当該不動産に伴う金銭や預金などの所有者は，受託者のままとなります。なお，譲受者の意向などによって，譲渡時に受託者を変更することもあります。

　譲受の検討者がファンドの場合，購入申込み（買付）後にデュー・ディリジェンスを行うことがあります。デュー・ディリジェンスとは対象不動産の詳細調査のことで，譲受者や投資家が，投資価値やリスクなどがどの程度あるかを適正に評価することを目的に行います。

　一般的な内容としては，物的調査，法的調査，経済的調査の3分野で実施されます。具体的には，物的調査は，土地や建物の状況調査，土壌汚染などの環境調査などがあり，法的調査は，権利関係や登記簿などの法務局関係，都市計画などの行政法規，賃貸借契約内容などがあり，経済的調査は，不動産鑑定評価などの価値評価，マーケット状況，事業収支などがあります。

専門家である建設会社，不動産鑑定士，環境調査会社，司法書士，土地家屋調査士，弁護士，コンサルタントなどが調査を行い，エンジニアリングレポート（ER）と呼ばれる報告書にとりまとめられます。これらの調査には多少の時間を要するため，購入申込みから売買契約の手続に入るまで待たされることがあります。

2　信託受益権の終了

次に，不動産信託受益権の終了についてです。

不動産信託受益権は，信託契約書に定められた事由などにより終了して，現物不動産に戻ります。信託契約書に，信託銀行などの受託者と受益権を持っている受益者が合意した場合に，終了すると定めていることが多いため，受益者が終了を希望した際には受託者に申し入れて合意を得ることになります。なお，信託契約の合意解約による信託の終了に際して，信託報酬が必要になる場合があります。

不動産信託受益権を売却するに際して，購入者である買主が引き続き受益権で持つのではなく，現物不動産として所有権での保有を希望することにより，終了させることもあります。多くの場合の売主が，従業者を雇用していないペーパーカンパニーであるSPCなどであると想定されますが，この場合には不動産特定共同事業法の適用回避の関係から，現物不動産での保有ができません。このため，買主が引渡しを受けると同時に，受益権を解除して所有権にします。つまり，売買取引自体は受益権を対象とした金融商品取引となり，買主は理屈上一瞬受益者となることになります。この取引を，現物戻し取引や実物化取引などと呼んでいます。

現物戻し取引の場合には，不動産信託受益権が買主に移転した直後に買主と受託者の合意により信託が終了するように，あらかじめ受託者と協議

14　第2章　不動産信託受益権の売買取引

のうえ準備を進めることになります。また，信託の終了に伴い受託者が信託不動産を取得する場合には，次に記載する課税が発生しますので，買主への事前説明が必要になります。なお，受益者が当初委託者である場合には，所有権移転登記の登録免許税と不動産取得税は不要です（登録免許税法7条1項2号，地方税法73条の7第4号）。

---

⑦　所有権移転登記の登録免許税
④　信託登記の抹消登記の登録免許税
⑦　不動産取得税

〈譲渡による現物不動産化〉

3　取引と行為

　不動産信託受益権の売買取引を行う金融商品取引業者の立場としては，

自らが売主や買主である当事者として取引する場合と，売主・買主の間に立って仲介する場合があります。ここまでは現物不動産取引と同様なのですが，金融商品取引法においては，受益権になって初めて売買取引される場合と二度目以降の売買取引では，位置づけが異なってきます。宅地建物取引業法にはない考え方ですので，よく理解することが重要です。

〈取引と行為〉

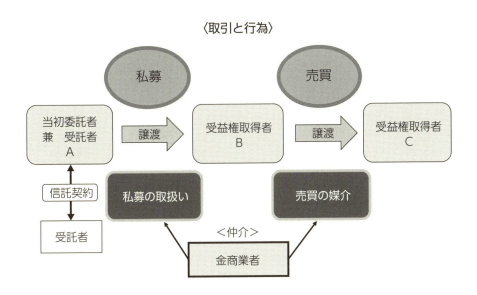

金融商品取引法では，売主や買主の立場として自ら取引する時においては，不動産信託受益権になって初めての売買を「私募」といい，2回目以降を「売買」といいます。つまり，当初委託者の受益者（上記図ではA）が売主となる場合は私募，当初委託者以外の受益者が売主（上記図ではBやC）の場合は売買となります。なお，私募という呼び方ですが，発行，自己私募などと呼ばれることもありますが，ここでは一般的に一番多く使われている私募と呼ぶことにします。

一方，媒介など仲介の立場で売買取引に関わるケースにおいては，私募

の売主や買主から委託を受けるものを「私募の取扱い」といい，売買の売主や買主から委託を受けるものを「媒介」といいます。取引態様によってそれぞれの呼び方が異なっているということは，法が求める手続もそれぞれ少しずつ異なっています。

　不動産信託受益権になってからの売買が１回目か２回目以降かによって位置づけが異なるのはなぜか，という質問を宅地建物取引業者からよく受けます。結論からいうと理由はなく，金融商品取引法で定められているからというしかありません。金融商品取引法は，証券取引法の改正に伴い改題されて作られた法律であり，もともと有価証券を対象とした法律で，有価証券は発行される時とその後流通する時で位置づけが異なっています。このあたりが元となって，宅地建物取引にはないルールが定められたのだろうと推測するしかありません。要するに，理屈を考えるより法律で決められているからと考えるのが最善でしょう。

　売主なのか買主なのか，仲介の依頼を売主または買主のどちらから受けたか，こうした取引における立場によって，取引時に必要となる手続が異なってきます。さらに，仲介者の立場で取引する場合，私募の取扱いや媒介の委託契約締結についても金融商品取引に該当するため，売買契約とは別に金融商品取引法の手続を行わなくてはなりません。宅地建物取引業法においては，仲介に関する委託契約（媒介契約）は売買の付帯的なものといった位置づけですが，金融商品取引法においては委託契約自体が金融商品取引であることを十分に理解したうえで，実務を遂行する時には必要な手続を行わなくてはなりません。

　不動産信託受益権取引を行う第二種金融商品取引業者のほとんどは，宅地建物取引業の免許を持っています。取引を行うに際して，宅地建物取引業者であることは義務とはなっていません。ただ，仲介業務を行う場合には，売主や買主から宅地建物取引業に関する業務や知識も期待されること

が一般的なため，両方の業者を兼ねていることが業務を営むうえでは有利といえます。両方の業者を兼ねている場合には，重要事項説明のように現物不動産同様に行わなくてはならない手続と，不動産信託受益権特有の手続があります。

4　現物不動産取引との違い

　不動産信託受益権と現物不動産を取引した場合では，かなり異なっていることをご認識いただいてきていることでしょう。今まで述べてきたことを中心に，違いを一表（次頁）にまとめてみましたのでご参照ください。

　不動産の見た目ではわからない権利の違いにより，不動産信託受益権を売買取引するに際しては宅地建物取引業法ではなく，金融商品取引法が適用されます。金融商品取引法は金融庁の管轄であり，業者としては第二種金融商品取引業でないと取扱いができません。

　不動産信託受益権の譲渡をする時には，現物不動産にはない手続として信託銀行など受託者の承諾が必要になります。現物不動産は所有権移転登記をすることにより第三者に対して権利の主張ができ，不動産信託受益権は受託者の確定日付がある書面による承諾によって主張できることになります。

　譲渡に際してかかる流通税が不動産信託受益権はかなり有利になっています。ファンドのように短期間に物件の入替えに伴う売買を繰り返す場合には，大きなメリットとなっています。ただし，不動産信託受益権の保有に際しては，受託者に対して信託報酬の支払が発生します。

　宅地建物取引業者は，業者が受領できる報酬の限度額が定められていて，売買・交換の媒介を行う時に取引額が400万円超の場合，速算法では，取引額×3.3％＋66,000円までと定められています。一方，不動産信託受益権

18　第2章　不動産信託受益権の売買取引

〈現物不動産との比較〉

	不動産信託受益権	現物不動産
商品	信託受益権 売主 → 買主 金融商品の譲渡	所有権 売主 → 買主 現物不動産の譲渡
適用法令	金融商品取引法	宅地建物取引業法
管轄官庁	金融庁	国土交通省
業者	第二種金融商品取引業者	宅地建物取引業者
譲渡の自由性	受託者の承諾を要す	自由
譲渡の対抗要件	受託者の確定日付ある 書面による承諾	所有権移転登記
譲渡時の課税	■登録免許税（信託登記または 信託変更登記） ◇信託登記： 　不動産価格×0.4% ◇受益者変更登記： 　不動産の個数×1,000円 ■印紙税 ◇信託契約書・譲渡契約書： 　1通200円	■登録免許税（所有権移転登記） ◇不動産価格×2％ ■不動産取得税 ◇不動産価格×4％ ■印紙税 ◇売買価格5億円超の場合： 　16〜48万円（軽減税率適 　用）
保有時の信託報酬	必要	なし
仲介等の報酬制限	なし	売買・交換の媒介時，取引額 400万円超の場合の限度額 ……取引額×3.3％＋66,000円

注）上記の税率・税額は2024年11月現在

を含む金融商品においては特段の定めはありません。だからといって無制限に受領できているわけではありませんが，一般的には各業者で受領する報酬額について定めており，明白な事情があれば多めに受領することもできるということになります。それぞれの業者が定めた不動産信託受益権売買の仲介の場合の受領報酬限度額を見てみると，宅地建物取引業法に準じた額，つまり3.3％＋66,000円となっている場合が多い状況です。なお，不動産信託受益権売買は取引金額が高い場合がほとんどのため，各業者が定めた限度額の報酬受領ができているかはケースバイケースと思われます。

5　家族信託

　本書の趣旨とは若干異なりますが，同じ不動産信託受益権を利用している家族信託について，参考までにご紹介します。

　稀なことですが，区分所有マンションの登記簿謄本を見たところ，信託受益権の設定がなされていて，委託者や受託者や受益者が個人のケースがあります。この信託受益権も前述した不動産信託受益権と同じ仕組みで成り立っています。もちろん，信託受益権のままで売買などの取引をする場合は，有価証券であるため宅地建物取引業者は取り扱えず，第二種金融商品取引業者でないと業務を受けることができません。ただし，多くの場合は売主である受益者のほうで信託受益権を解除して現物不動産へ戻せるため，結果としては現物不動産の取引になり宅地建物取引業者が取り扱えます。

　受託者や受益者などが個人の場合，ほとんどが家族信託の仕組みの利用と考えられます。家族信託というのは，不動産や預貯金や有価証券といった自分の財産を，信頼できる家族や相手に託し，特定の人のためにあらかじめ定めた信託目的に従って管理・処分・承継する財産管理の１つの手法です。利用される場面としては，認知症の方の財産を適切に管理したい場

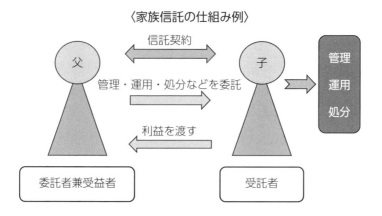

合や，不動産を円滑に相続したい場合などに活用されています。

　上図は家族信託の仕組みの例ですが，父が子と信託契約を結び，父は財産の管理・運用・処分を子に託します。託された子は，預かった財産の管理・運用・処分を通じて生じた利益を父に渡します。すでに述べた不動産信託受益権の仕組みと基本的には一緒で，登場者が個人ということが異なるくらいです。

　家族信託は，2006年（平成18年）の信託法改正によって定められ，翌年から施行された制度です。施行当初の利用者数は少なかったようですが，認知症リスクの増大などによって注目されるようになりました。認知症などにより判断能力が低下した場合に，本人の財産を有効に活用することなどができる仕組みです。

　利用するメリットですが，まず，後見制度に代わる柔軟な財産管理ができることです。元気なうちから資産の管理・処分を託すことで，元気なうちは本人の指示に基づく財産管理を行えます。また，本人が判断能力を喪失した後は本人の意向に沿った財産管理に円滑に移行でき，積極的な資産運用や組替えも，受託者たる家族の責任と判断で可能となります。また，法定相続の概念にとらわれない資産承継ができること，不動産の共有問題や将来の共有相続への紛争予防にも活用できるというメリットもあります。

第2章の復習

Q1：不動産信託受益権の譲渡に際して，どうして受託者の譲渡承諾が必要となるのですか。

A1：不動産信託受益権の場合は，受益権の譲渡について受託者の承諾を要するとする譲渡制限を，信託契約において定めていることが通例となっているためです。

加えて，受託者の確定日付が記載された譲渡承諾が，不動産信託受益権取引の対抗要件となります。現物不動産の譲渡においては，所有権の移転登記が対抗要件となっていますが，信託登記は公示するだけのものになります。

Q2：引渡し後に信託を終了させる現物戻し取引の場合，買主に取得後にかかる課税には何がありますか。

A2：次の税がかかります。

　㋐　所有権移転登記の登録免許税
　㋑　信託登記の抹消登記の登録免許税
　㋒　不動産取得税

なお，受益者が当初委託者である場合には，㋐と㋒は不要です。

Q3：不動産信託受益権の売買取引に際しての金融商品取引業者の立場としては，どのように整理されますか。

A3：不動産信託受益権は受益権になって初めて売買取引される場合と，二度目以降の売買取引では，位置づけが異なります。

売主や買主の立場として自ら取引する時においては，不動産信託受益権になって初めての売買を「私募」（発行または自己私募と称されることもある）といい，2回目以降を「売買」といいます。

一方，媒介など仲介の立場で売買取引に関わるケースにおいては，私募の売主や買主から委託を受けるものを「私募の取扱い」といい，売買の売主や買主から委託を受けるものを「媒介」といいます。

第3章
金融商品取引法

　不動産信託受益権は金融商品取引法の定めにより，「みなし有価証券」という位置づけになっています。売買取引などを行うときは金融商品取引法に従うことになりますが，宅地建物取引業とは大きく異なる規制がいくつかあります。

1　金融商品取引法とは

　金融商品取引法は，投資性のある金融商品を取引する際の利用者保護と，透明で公正な市場づくりを目指して，従前の証券取引法を改正し，2007年9月に主要な部分が施行された法律です。その内容は，開業するに際しての規制，取引業を行うに際しての行為規制，監督官庁による監督など，金融商品について取引行為を行う業者に対して規制するものが中心となっています。不動産信託受益権の取引におけるルールについても定められています。

　法の対象となる金融商品は有価証券となっていますが，株式や社債券など流通性が高い伝統的な「有価証券」と，流通性が必ずしも高くないものの投資家保護が求められる「みなし有価証券」に分類されています。信託

24　第3章　金融商品取引法

受益権は，みなし有価証券に該当していて，他には集団投資スキーム持分や合同会社の社員権などがあります。

　この法律の厄介な点として，法の「つくり」が複雑なうえ読み込むのにいくつかの箇所を読まないと解釈がわからないことがあります。不動産信託受益権取引に関係するものだけでも，本法のほかに法令関係で，「金融商品取引法施行令」「金融商品取引法第二条に規定する定義に関する内閣府令」「金融商品取引業等に関する内閣府令」などがあります。解釈・通達レベルでは，「パブリックコメントに対する金融庁の回答」「金融商品取引業者等向けの総合的な監督指針」などがあります。

　いくつもの法令などがあるうえに，どれも条数や文字数が多めといえます。加えて，自主規制レベルとして，自主規制団体である第二種金融商品取引業協会の様々な規則やQ&Aなどがあり，協会の会員でなくても規制の対象となることがあると考えておいてください。これは，協会に加入していない場合，協会に準じた社内規則や規則遵守体制がないと業者登録ができないという金融商品取引法の定め（同法29条の4第1項4号ニ）があるからです。

〈不動産信託受益権に関係する主な規制法令等〉

法令関係	金融商品取引法
	金融商品取引法施行令
	金融商品取引法第二条に規定する定義に関する内閣府令
	金融商品取引業等に関する内閣府令

解釈・通達関係	パブリックコメントに対する金融庁の回答
	ノーアクションレター制度

	金融商品取引業者等向けの総合的な監督指針
	ガイドラインなど
自主規制団体関係	第二種金融商品取引業協会の各種規則
	第二種金融商品取引業協会の各種Q&A

　上記の法令や解釈などについては，金融庁ホームページの「法令・指針等」に掲載またはアクセスできるものがほとんどです。また，自主規制団体関係は，第二種金融商品取引業協会のホームページに掲載されています。

　「金融商品取引業者等向けの総合的な監督指針」ですが，金融庁が管轄業者の監督をするに際しての指針を示したもので，比較的実務に近い内容について説明されています。法令の記載は多少曖昧な表現もありますが，監督指針に記載されていることは遵守が求められていると考えてください。監督指針のページ数は多いのですが，「Ⅲ．監督上の評価項目と諸手続（共通編）」と「Ⅴ．監督上の評価項目と諸手続（第二種金融商品取引業）」のうち，業務に関係のある箇所だけでも一読されることをおすすめします。

2　金融商品取引業者

　金融商品取引法では，金融商品取引業として4つの種別を定めていて，その内容と主な対象は次頁の表のようになります。不動産信託受益権の取引を業として行うことは第二種金融商品取引業に該当し，第二種金融商品取引業者の登録が必要となります。

26　第3章　金融商品取引法

〈金融商品取引業者〉

業　者	主な対象	内　容
第一種金融商品取引業	証券会社	株券や社債など，流動性の高い有価証券の販売・勧誘，顧客資産の管理　など
第二種金融商品取引業	信託受益権販売業者 ファンド業者	信託受益権や組合出資持分（ファンド）など，流動性の低い有価証券の販売・勧誘　など
投資運用業	投信委託会社 投資一任業者	投資運用に関する業務
投資助言・代理業	投資顧問会社	投資助言に関する業務，投資顧問契約または投資一任契約締結の代理や媒介

　金融商品取引業を行う業者はすべて，内閣総理大臣への申請・登録が必要となります。また，最低資本金などの財産的基盤や事業者としての適格性の要件などを満たすことが求められています。金融商品取引業者としての登録はそれなりの厳しさがありますが，第一種金融商品取引業者が最も重く，投資運用業，第二種金融商品取引業，投資助言・代理業の順に多少ですが緩やかになっています。

　第一種金融商品取引業は，株券や社債など流動性の高い有価証券の販売や勧誘業務，顧客資産の管理業務を行い，主に証券会社が営んでいます。投資運用業は，投資家から集めた資金を有価証券で運用する業務を行い，主に投資信託委託業者や投資一任業者などが営んでいます。投資助言・代理業は，有価証券に投資する際に助言したり投資顧問契約や投資一任契約締結の代理や媒介業務を行ったり，主に投資顧問業者などが営んでいます。

　第二種金融商品取引業は，流動性の低い有価証券の販売や勧誘を行うこ

とができる業種です。不動産信託受益権の売買や売買の媒介の他に，集団投資スキームなどの自己募集，有価証券を除いた市場デリバティブ取引などを行うことができますが，自社が登録している業務内容に限られます。不動産信託受益権を取り扱う宅地建物取引業者以外には，主に自己募集のファンドなどが第二種金融商品取引業を営んでいます。

　国内の第二種金融商品取引業者は，開業や廃業による入替えはあるものの，ここ数年1,200社程度で推移していて，4種類の金融商品取引業者の中では登録業者数が一番多くなっています。そのうちの半分くらいが，宅地建物取引業者や不動産の投資運用会社など不動産関係の業務を主に行っている会社と推察されます。特に，不動産の売買や売買の仲介を行う宅地建物取引業者の割合が多く，さらに仲介をメイン業務とする宅地建物取引業者の登録が多い状況です。宅地建物取引業の免許を持たないで，不動産信託受益権取引だけを専門に取り扱っている第二種金融商品取引業者は，投資運用業などを兼ねている場合を除いてほとんどない状況です。

3　守らなくてはならない行為規制

　金融商品取引法は，投資者保護と資本市場の健全性確保を図るために金融商品取引業者がその業務を行うにあたって，一定の行為を禁止したり制限したり，または一定の行為や体制の整備を義務づけています。

　不動産信託受益権取引において関係する金融商品取引法の主要な行為規制には，次のものがあります。

28　第3章　金融商品取引法

〈不動産信託受益権取引に係る主要な行為規制〉

・変更登録・休止等の届出（金商法31条，50条）
・特定投資家制度（同法34条）
・標識の掲示等義務（同法36条の2）
・名義貸しの禁止（同法36条の3）
・広告等の規制（同法37条）
・取引態様の事前明示義務（同法37条の2）
・契約締結前の情報提供（同法37条の3）
・契約締結時の情報提供（同法37条の4）
・禁止行為（同法38条，業府令117条）
　✔ 虚偽告知の禁止
　✔ 断定的判断の提供の禁止
　✔ 特別利益提供の禁止
・損失補填等の禁止（金商法39条）
・適合性の原則等（同法40条1号）
・親法人・子法人が関与する場合の行為規制（同法44条の3）
・法定帳簿作成義務（同法47条）
・事業報告書の作成提出義務（同法47条の2）
・説明書類の縦覧（同法47条の3）

　従前，金融商品取引法の規制としてあった顧客等に対する誠実義務は，2024年11月から金融サービスの提供及び利用環境の整備等に関する法律に移されて施行され，存続しています。誠実義務の適用対象について，幅広い業態の金融事業者に対して横断的に適用されるための措置です。

　上の囲みに記載した行為規制ですが，個別の金融商品取引実施にあたり求められるものと金融商品取引業者として取引の有無にかかわらず求められるものがあります。業務においてどのように実施し遵守していくかは，業者の規模や取引件数などを考慮のうえ各業者で組み立てることになります。

不動産信託受益権の個別の売買取引を実施するに際して，遵守を求められる行為規制のうち，重要度が高く理解を必要とするものについて以下**4**から**8**で説明します。

4　特定投資家制度

(1)　特定投資家制度とは

金融商品取引では，取引に関係する顧客を必ずプロかアマに分類しなければなりません。これは，金融商品取引に手慣れている者には手続を簡素化してスムーズに進められるようにし，不慣れな者には説明などを尽くして安全に取引をしてもらう，ということを目指しているからです。宅地建物取引業法にはない事柄です。

プロの顧客を特定投資家，プロ以外の顧客を一般投資家（金融商品取引法には一般投資家という言葉はない）と一般的には呼んでいます。特定投資家については金融商品取引法の次の規制が免除されます（金商法45条）ので，取引時の一部の手続が省略できることによってスムーズな取引が行えます。

〈特定投資家に適用されない規制〉

・広告等の規制（金商法37条）

・取引態様の事前明示義務（同法37条の2）

・契約締結前の情報提供（同法37条の3）

・契約締結時の情報提供（同法37条の4）

・保証金の受領に係る情報提供（同法37条の5）

・書面による解除（同法37条の6）

・不招請勧誘の禁止（同法38条4号）

・顧客の勧誘受諾意思確認義務（同法38条5号）

30 第3章 金融商品取引法

- ・再勧誘の禁止（同法38条6号）
- ・適合性の原則等（同法40条1号）
- ・最良執行方針等（同法40条の2第4項）
- ・金銭または有価証券の預託の受入れ等の禁止（同法41条の4）
- ・金銭または有価証券の貸付け等の禁止（同法41条の5）
- ・金銭または有価証券の預託の受入れ等の禁止（同法42条の5）
- ・金銭または有価証券の貸付け等の禁止（同法42条の6）
- ・運用報告書の交付（同法42条の7）
- ・顧客の有価証券等を担保に供する行為等の制限（同法43条の4）

　上記では，プロ投資家に対しては免除される規制が多いことを感じてい
ただくために，不動産信託受益権取引に関係してこないものも含めて網羅
的に挙げました。不動産信託受益権取引の実務においては，上記のうち広
告等の規制，取引態様の事前明示義務，契約締結前の情報提供，契約締結
時の情報提供，適合性の原則等など，ある程度手間のかかる業務を省略す
ることができますので，取引をスムーズに進めることが可能となります。
　特定投資家と一般投資家は，顧客からの申出があれば，一部を除いて相
互に移行したり復帰したりすることができます（金商法34条の2・3・4）。
アマである一般投資家への移行は容易で，プロである特定投資家への移行
は慎重な手続規定が設けられています。前者を「アマ成り」や「オプトア
ウト」といい，後者を「プロ成り」や「オプトイン」といいます。特定投
資家への移行に法令による一定の手続などが設けられているのは，規制の
免除があるため慎重に移行させなければならないからです。特定投資家と
一般投資家の区分ならびに対象となる主な顧客は，次頁の表のとおりです。

〈投資家の区分〉

特定投資家 （プロ）	アマ成り不可	・国 ・日本銀行 ・適格機関投資家（第一種金商業者，投資法人，銀行など）
	アマ成り可能 ↑オプトイン　一定の手続を経れば移行可能　オプトアウト↓ プロ成り可能	・上場会社 ・資本金5億円以上の株式会社 ・外国法人　など ・特定投資家以外のすべての法人 ・所定の要件を満たす個人
一般投資家 （アマ）	プロ成り不可	・所定の要件を満たさない個人

(2) 顧客に対しての手続

　移行や復帰については，業務を行う金商業者ごとに対応することになっているため，プロ成り移行の判断をした根拠などを記録しておかないとなりません。金商業者ごとに行うということは，同じ取引における同一顧客に対して，業者によってプロかアマかの扱いの異なることがあり得るということになります。

　なお，プロ成りした場合には期限があり，申出をした日から最長1年，または各業者が定めた1年以内の日が公表されていれば当該日になり，更新手続をしないで期限日を過ぎると，アマに戻ってしまいます。また，移行の手続は，有価証券に関する契約など法で定められた区分の契約種類ごとに行いますので，助言代理契約などの締結をする際には別途移行手続を行うことになります。

顧客が特定投資家だった場合に注意しなくてはならないこととして，告知書と呼ばれている，一般投資家への移行を申し出ることができる旨の告知を，初期の段階でしなくてはならないことです。これは，金融商品取引法の義務となっていて，もしも申出があれば顧客を一般投資家として扱わなければならないため，業者としては準備なども含めて手続の手間が全く異なることになってしまいます。以下，告知書の見本を付けていますので，ご参照ください。

〈告知書（見本）〉

●● 御中

金融商品取引法第34条に基づく告知書

住　所：

名　称：

代表者：

　貴社は，信託受益権の売買契約又は信託受益権の売買の私募の取扱い若しくは媒介の業務委託契約を締結するのに際して，金融商品取引法第2条第31項第4号の「特定投資家」に該当するため，同法第34条に規定される事項を告知させていただきます。

　貴社は「特定投資家」して取り扱われることとされていますが，同法第34条の2第1項に基づき，貴社から当社に対して以下に掲げる契約の種類ごとに，当該契約の種類に属する金融商品取引契約に関して，「特定投資家以外の顧客（一般投資家）」として取り扱うよう申し出ることが出来ます。

　(1)　有価証券に関する契約

　(2)　デリバティブ取引に関する契約

　(3)　投資顧問契約

　(4)　投資一任契約

　貴社が「特定投資家以外の顧客（一般投資家）」として取り扱うようにお申し出をされる場合には，当社所定の書面により行うようお願い致します。

以上

34　第3章　金融商品取引法

〈特定投資家制度の移行の流れ〉

移行可能な特定投資家

移行

【業者】告知書の交付 義務

希望なし	希望あり
	【顧客】一般投資家への移行申出
	【業者】申出の承諾 義務
特定投資家	一般投資家

復帰

	【顧客】復帰の申出
	【業者】申出の承諾

拒否

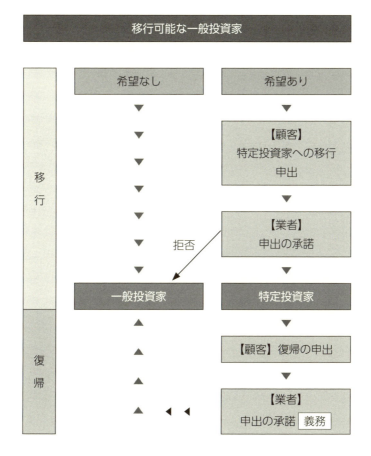

(3) プロとアマの範囲

 どちらにしても実務においては，できるだけ早い段階で顧客がプロかアマか見極めることが必要になります。この判断で勘違いしやすいのが，プロかアマかの判定は金融商品取引法の区分によるということです。不動産投資経験が豊富など一見プロっぽく感じられる顧客であっても，金融商品取引法においては一般投資家となっていることもあり得ます。先入観にとらわれないで，法令で定められた要件をよく確かめて判定することが求め

36　第3章　金融商品取引法

られます。

　特定投資家と一般投資家の法令に基づいた範囲は次になります。

〈特定投資家制度の各範囲〉

特定投資家（金商法2条31項，定義府令23条）
◆一般投資家に移行できない特定投資家
⑦　適格機関投資家
④　国
⑦　日本銀行
◆一般投資家に移行できる特定投資家
④　特別の法律により特別の設立行為をもって設立された法人
④　投資者保護基金
⑦　預金保険機構
④　農林産業協同組合貯金保険機構
⑦　保険契約者保護機構
⑦　特定目的会社
④　金融商品取引所に上場されている株券の発行者である会社
④　取引の状況その他の事情から合理的に判断して資本金の額が5億円以上であると見込まれる株式会社
④　金融商品取引業者または特例業務届出者である法人
④　外国法人
一般投資家（金商法34条の3第1項，34条の4第1項，業府令61条，62条）
◆特定投資家に移行できる一般投資家
⑦　特定投資家ではない法人（上記の特定投資家の範囲で「一般投資家に移行できる特定投資家」に記載された法人以外の法人）
④　商法535条に規定する匿名組合契約を締結した営業者である個人で一定の要件を満たす者
⑦　組合契約を締結して組合の業務の執行を委任された組合員である個人で一定の要件を満たす者
④　有限責任事業組合契約を締結して組合の重要な業務の執行の決定に関与し，当該業務を自ら執行する組合員である個人で一定の要件を満たす者

> ㋖ 取引の状況その他の事情から合理的に判断して，資産の合計額から負債の合計額を控除した額が３億円以上になると見込まれ，同種の契約の種類に属する金融商品取引契約を締結した日から起算して１年を経過している個人で一定の要件を満たす者
> ◆特定投資家に移行できない一般投資家
> ㋕ 上記㋐〜㋖を除く個人

　個人の特定投資家への移行についての可否の判断は各業者が行うことになりますが，上記の個人の範囲を見ていただくと，法令に基づく要件を綿密に確認したうえで慎重に行わなくてはならないことを感じていただけたのではないでしょうか。

5　適合性の原則

　適合性の原則は，金融商品などに関わる独特のルールで，宅地建物取引にはない概念です。すなわち，簡単にいうと，顧客から買いたいといわれても，すぐに売ってはいけないというものです。つまり，金融商品取引業者は，金融商品の販売に際して顧客の知識，経験，財産の状況，契約締結の目的に照らして，不適当な勧誘を行ったり投資者保護に欠けることのないようにしたりしなければいけない（金商法40条１号），と定められています。

　金融商品取引業者は，顧客の勧誘にあたり顧客に関する４つのこと，すなわち知識，経験，財産の状況，契約締結の目的を，事前に把握しなければなりません。この内容を把握し，顧客管理のために使用されるのが顧客カードです。顧客カードの形式は特段定められていませんが，把握しなくてはならない４つのことについて，的確に記録されることが必要となります。以下，顧客カードの見本を掲載していますので，ご参照ください。

38　第3章　金融商品取引法

〈顧客カード（見本）〉

顧客カード

作成日	年　　　月　　　日
住所	
名称（個人は氏名）	
代表者	
生年月日（個人の場合）	年　　　月　　　日（　　　歳）
投資家区分	□適格機関投資家 □特定投資家（適格機関投資家を除く） □一般投資家（□法人・□個人）
事業内容（個人は職業）	
資本金（個人は不要）	
取引担当者	□本人　　　□顧客の代表 □顧客の従業員（内容を記載） <table><tr><td>氏　名</td><td></td></tr><tr><td>所　属</td><td></td></tr><tr><td>連絡先</td><td></td></tr></table> □代理人等の第三者（内容を記載） <table><tr><td>氏名/名称</td><td></td></tr><tr><td>住　所</td><td></td></tr><tr><td>（法人の場合） 担当者名</td><td></td></tr><tr><td>連絡先</td><td></td></tr></table>

取引の目的	【売却の場合】 □資産処分　□転売　□債務弁済　□その他（内容を記載） 【取得の場合】 □投資　　　□転売　　　□現物化して自己利用 □その他（内容を記載）
保有資産の状況	
投資の知識	□あり　　　□なし　　☞根拠を記載
投資の経験	□あり　　　□なし　　☞根拠を記載

40 第3章 金融商品取引法

　また，顧客カードを使って把握しなくてはならない顧客属性のうちでも，投資目的については十分に確認したうえで，金融商品取引業者と顧客との双方で共有することが求められています。そして，顧客の申出によってその内容の変化を把握した場合には，顧客カードの内容を変更し，その内容を顧客と双方で共有するように求められています。実務的な対応方法としては，顧客カード自体を顧客に都度交付するか，共有が求められる部分の内容を記載した書面を交付するなどを行うことが考えられます。

　なお，適合性の原則は特定投資家には適用されません。

　参考　金融商品取引業者等向けの総合的な監督指針（令和6年12月）
Ⅲ-2-3-2-1（1）
②　顧客の属性等及び取引実態の的確な把握並びに顧客情報の管理の徹底
イ．顧客の投資目的，投資経験等の顧客属性等を適時適切に把握するため，顧客カード等については，顧客の投資目的を十分確認して作成し，顧客カード等に登録された顧客の投資目的を金融商品取引業者と顧客の双方で共有しているか。また，顧客の申出等により，顧客の資産・収入の状況又は投資目的が変化したことを把握した場合には，それ以降の投資勧誘に際して顧客カード等の登録内容の変更を行うか否かを顧客に確認した上で変更を行い，変更後の登録内容を金融商品取引業者と顧客の双方で共有するなど，適切な顧客情報の管理を行っているか。
（※下線は筆者による）

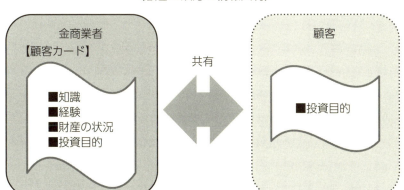

6　法定書面による情報の提供

　金融商品取引業者は，金融商品取引契約を締結する前や締結したときなどに，顧客に対して遅滞なく，定められた一定の事項について情報の提供をしなくてはなりません。この一定の事項を記した書面を「法定書面」と呼びます。

　2023年11月に公布された改正金融商品取引法では，従前の「契約締結前の書面の交付」から「契約締結前の情報の提供等」へ表現が改められました。他の法定書面も情報提供へ変更されています。これは，金融商品取引業者がデジタルツールを効果的に活用して充実した情報提供を行うことを促し，また，書面を原則としていた規定を顧客のデジタル・リテラシーを踏まえて，書面とデジタルのどちらでも情報提供することを可能とする，という考えのもと見直されたものです。

　宅地建物取引業法に基づく重要事項説明書などの書面交付義務と異なる点として，私募の取扱いまたは媒介といった仲介業務に関する委託契約も金融商品取引契約であるため，委託契約締結までに情報の提供をしなくて

42　第3章　金融商品取引法

はならないことです。

　また，情報の提供先である顧客とは，宅地建物取引業法の重要事項説明
と異なり，投資者保護の観点から売主に対して必要となる場合があります
ので注意してください。金融商品取引法に基づく情報の提供対象となる顧
客は，次のように整理されます。

〈法定書面による情報提供を要する顧客〉

取引態様		業者の立場	情報提供を要する顧客
自己売買	私募	－	－^(*)
	自己売買	売主	買主
		買主	売主
仲介	私募の取扱い	売主から受託	売主と買主
		買主から受託	買主
		売主と買主から受託（両手）	売主と買主
	媒介	売主から受託	買主
		買主から受託	売主
		売主と買主から受託（両手）	売主と買主

（＊）金融商品取引行為に該当しないため法定書面は不要ですが，後述する宅地建物取引業法と金融サー
　　ビス提供法に基づく重要事項説明書の説明は必要となりますので，注意してください。

　不動産信託受益権の取引に際して，第二種金融商品取引業者が顧客に対
して情報の提供をしなくてはならない法定書面として，次の3種類のもの
があります。なお，取引残高報告書は，売買の売主や買主の立場の場合に
限り交付しなくてはならないものです。

6 法定書面による情報の提供 43

〈法定書面〉

法定書面	主な内容項目	情報提供の時期
契約締結前交付書面 （金商法37条の3）	業者の概要，契約の概要，租税の概要，売主または買主に関する事項，信託受益権に係る譲渡制限，信託受益権に関する事項（受託者，信託契約，信託財産，期間，譲渡手続，受益者の権利義務，損失危険，信託報酬など）	金融商品取引契約を締結しようとする時
契約締結時交付書面 （金商法37条の4）	業者の概要，契約の概要，取引の概要	金融商品取引契約が成立した時
取引残高報告書 （業府令98条1項3号）	◆都度交付：取引の概要，有価証券・金銭の残高，末決済勘定明細・評価損益 ◆四半期交付：契約に係る事項（約定年月日，受渡年月日，有価証券の種類，銘柄，数量，対価の額，支払金額など），有価証券の受渡年月日・種類・口数，金銭の受渡年月日・金額，残高	◆都度交付：金融商品取引が成立または受渡しを行った場合で，顧客から都度交付の請求があったとき ◆四半期交付：都度交付以外の場合，金融商品取引が成立または受渡しを行った日の属する報告対象期間の末日ごと

　契約締結前交付書面には，金融商品取引法で定める内容に加えて，金融サービス提供法に基づく説明内容も盛り込むことが一般的です。金融サービス提供法が定める説明内容は，元本欠損が生ずるおそれがある場合におけるリスクの所在などと，解除などに関する制限の2つが該当します。金融商品取引法の求める内容と重なるところもあるため，一緒に説明することが多いといえます。

　さらに，金融商品取引業者が宅地建物取引業者を兼ねている場合には，

契約締結前の情報提供とともに，宅地建物取引業法に基づく重要事項説明書の所定事項（取引物件に関する事項を中心とした項目）の説明を，一定の場合を除いて買主に対して行うよう義務づけられています。この重要事項の説明については，宅地建物取引業と同様に宅地建物取引士が交付する書面に記名し，宅地建物取引士証を提示して行うことが必要となります。

　契約締結前交付書面ですが，情報提供する時に金融商品取引業者は顧客に対して記載事項を説明しなくてはなりません。この説明ですが，顧客の知識，経験，財産の状況，契約締結の目的に照らして，当該顧客が理解できるような方法や程度によって行うように求められています。ただ説明すればいいということではなく，顧客の理解を得るまで尽くす点に配慮しなくてはなりません。具体的には，例えば顧客が個人の場合や日本語を十分に解さない外国人などの場合には，内容を理解してもらうために工夫や注意を払って説明する必要があります。

　なお，法定書面による情報の提供は特定投資家には適用されません。

> ☞第4章2に契約締結前書面と金融商品取引法，金融サービス提供法，宅地建物取引業法の関係を理解するために「契約締結前交付書面と根拠法令」を掲載していますので，ご参照ください。

7　広告規制

　金融商品取引業者が金融商品取引業の内容について広告などをする場合，一定の事項を表示しなくてはなりません（金商法37条）。不動産信託受益権の広告はすることがない，と思いがちですが，金融商品取引法で定める広告は広範囲になっているため，例えば1枚のシートに物件概要を記したものでも，複数の顧客に渡すと広告とみなされかねませんので，注意して

ください。

　金融商品取引法では，広告規制の対象となる行為について，インターネットサイトへの掲載など随時または継続してある事項を広く一般に知らせることに加え，郵便，信書便，FAX，電子メール，ビラまたはパンフレットを配布する方法などにより多数の者に対して同様の内容で行う情報提供も，広告類似行為として対象にしています。

　多数の者という言葉も数字の根拠はなく，時として2以上と解釈されることがありますので，広告の対象を幅広に考えることが必要と考えます。不動産信託受益権の広告に表示しなくてはならない主要なものとして，次のものがあります。

〈不動産信託受益権の広告等に表示すべき主要な事項〉
（金商法37条，金商法施行令16条，業府令74条，76条）

- 金融商品取引業者の商号または名称または氏名
- 金融商品取引業者等である旨および登録番号
- 金融商品取引契約に関して顧客が支払うべき手数料・報酬とその他支払う対価
- 損失発生リスク
- 金融商品取引契約に関する重要な事項について顧客の不利益となる事実
- 金融商品取引業協会に加入している場合はその旨と協会名

　広告などを行う場合の業者内部における審査も，下記の監督指針の記載のとおり求められています。内部管理体制の1つとして広告審査の基準や進め方や体制などについて社内規則を設け，内部の審査体制をつくり，審査責任者が承認したものが広告として顧客に交付できることになります。

> **参考** 金融商品取引業者等向けの総合的な監督指針（令和6年12月）
> Ⅲ－2－3－2－3（1）
> ⑤ 広告等審査体制
> 　金商法第37条の規定を遵守する観点から，広告等の審査を行う広告等審査担当者が配置され，審査基準に基づいた適正な審査が実施されているか。

　ありがちなのが，電子メールで物件概要を記した書面を検討客何人かに送付するといったことや，売主から入手した売却情報資料を即座に検討客に渡すといったことです。両事例とも，自社内の広告審査を受けたうえで書面や資料を渡せば問題ないことになります。

　なお，広告規制は特定投資家には適用されません。

〈広告審査体制〉

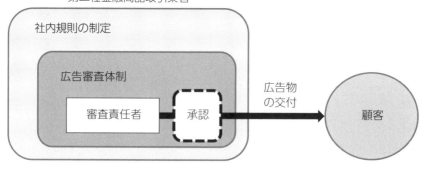

8　法定帳簿と保存帳票

　取引を成立させた後には，金融商品取引の内容を網羅的に記録するため，取引態様に応じて定められた法定帳簿を作成し，所定の期間保存しなくて

はなりません（金商法46条の2）。**6**に記した法定書面のことではなく「法定帳簿」ですので，気をつけてください。

　不動産信託受益権売買取引に関係する法定帳簿は5種類あり，取引の態様に応じて必要となる帳簿を作成することになります。帳簿の名称に違和感があるかもしれませんが，元々は証券取引向けに設定されたものであるためで，取引に関する実績などを網羅的に記録することを目的としています。取引態様と作成を要する法定帳簿は，次のとおりです。

〈法定帳簿〉

取引態様	取引内容		法定帳簿（略称）	保存期間
私募	自己売買	売主が当初委託者	なし	－
売買		売主が当初委託者以外	注文伝票 取引日記帳 顧客勘定元帳	7年 10年 10年
私募取扱い	仲介	売主が当初委託者	私募取扱い等取引記録 取引日記帳	10年 10年
媒介		売主が当初委託者以外	媒介等取引記録	10年

　法定帳簿の作成時期ですが，注文伝票と私募取扱い等取引記録は契約締結した後，その他は決済した後となります。作成時期が遅延すると作成していないとみなされ法令違反になりますので，注意してください。法定帳簿の保存期間は，当該法定帳簿を作成した日から，注文伝票が7年，その他は10年となっています。なお，法定帳簿は必ずしも法令で定められた帳簿ごとに別々に作成する必要はなく，法令で必要とされる項目が網羅されていればまとめた表にすることも可能です。

48　第3章　金融商品取引法

　法定帳簿は顧客に提示するものではないため，作成するのを忘れがちになります。作成を営業部門で行うのか管理部門で行うのか，作成後の確認方法や作成書類の保存を誰がどのように行うかなど，社内ルールを決めたうえできちんと対応することが求められます。

● 保存帳票

　法定帳簿に加えて，取引時に交付や作成が義務づけられている書類についても，一定期間保存しなくてはなりません。保存する書類そのものは，顧客に交付や押印してもらうものは写しを，顧客への交付などが伴わないものは原本を保存します。保存の方法ですが，業者内で行う点検に加えて監督官庁の検査があることを前提に，指定された書類がスムーズに取り出せるよう，常時きちんと整理しておくようにします。保存を要する帳簿書類と保存期間は，次の表に記載した内容となります。

〈保存を要する帳簿書類〉

帳票名（一部略称）	保存期間
〈特定投資家制度関係〉	
特定投資家を特定投資家以外の顧客として取り扱うことを承諾する場合に，あらかじめ交付する書面（写）	5年
特定投資家以外の顧客である個人が，特定投資家として取り扱うよう申出した場合，承諾にあたりあらかじめ交付する書面（写）	5年
特定投資家以外の顧客である法人が，特定投資家として取り扱うよう申出した場合，承諾にあたりあらかじめ取得する同意書面（写）	5年
〈契約関係〉	
契約締結前交付書面（写）	5年

契約締結時交付書面（写）	5年
契約変更書面（写）	5年
取引残高報告書（写）	5年
〈法定帳簿〉	
注文伝票	7年
取引日記帳	10年
媒介等取引記録	10年
私募取扱い等取引記録	10年
顧客勘定元帳	10年
〈犯罪収益移転防止法〉	
確認記録	7年
取引記録	7年

第3章の復習

Q1：第二種金融商品取引業の登録業者ができる業務は，何がありますか？

A1：第二種金融商品取引業は，流動性の低い有価証券の販売や勧誘を行うことができる業種です。不動産信託受益権の売買や売買の媒介の他に，集団投資スキームなどの自己募集，有価証券を除いた市場デリバティブ取引などを行うことができます。ただし，自社が担当官庁に登録している業務の内容に限られます。

Q2：特定投資家制度は，簡単にいうとどのような制度ですか？

A2：金融商品取引では，取引に関係する顧客を必ずプロかアマに分類します。金融商品取引に手慣れている者には手続を簡素化してスムーズに取引を進められるようにし，不慣れな者には説明などを尽くして安全に取引をしてもらうことを目指すものです。

Q3：顧客が一般投資家の場合に，適合性の原則に基づき，勧誘に際して金融商品取引業者が行わなくてはならないことは何でしょうか？

A3：金融商品の販売に際して顧客の知識，経験，財産の状況，契約締結の目的に照らして，不適当な勧誘を行ったり投資者保護に欠けたりすることのないようにしなければなりません。この際に，顧客の内容確認に使用されるのが顧客カードです。

Q4：契約締結前の情報提供は，いつ，どのように説明しなければなりませんか？

A4：金融商品取引業者は，金融商品取引契約を締結する前に，顧客に対して遅滞なく，定められた一定の事項について情報の提供をしなく

てはなりません。

　仲介業務である「私募の取扱い」または「媒介」に関する委託契約も金融商品取引契約であるため，委託契約締結までに情報の提供をしなくてはなりません。

　また，情報提供する時の説明ですが，顧客の知識，経験，財産の状況，契約締結の目的に照らして，当該顧客が理解できるような方法や程度によって行うように求められています。

52

第4章 売買に関係する主な法規制

　不動産信託受益権の売買取引を行うにあたり，金融商品取引法の他にも業務に直接関係してくる法令による規制があります。その主要となる4つの法令について内容をみていきます。

1　金融サービスの提供及び利用環境の整備等に関する法律

　預貯金，保険，株式，投資信託などの金融商品販売業者に対して，顧客への説明義務（4条1項）と，説明しなかったことにより損害が生じた場合などの販売業者などの損害賠償責任（6条）を定めたものが，金融サービス提供法です。また，金融商品販売業者が適正な勧誘を行うようにするために，金融商品販売業者に勧誘方針の策定・公表（10条）を義務づけています。消費者を保護する目的で，2001年4月に施行されました。

　この法令ですが，従前は「金融商品の販売等に関する法律」という名称で，金販法（きんぱんほう）などの略称で呼ばれていました。その後，銀行・証券・保険などの金融商品を一括して販売することのできる業者「金融サービス仲介業」の新設などを盛り込んで，2021年に法令名も含めて改

1　金融サービスの提供及び利用環境の整備等に関する法律　53

正され施行されました。この改正においては，不動産信託受益権取引に関する内容についての実質的な変更はなく，法令名と一部の約条数の変更だけでした。

さらに改正が行われ，国民の金融リテラシー向上のために金融経済教育推進機構の創設などの要素を加え，2024年2月に法令名も含めて改正され一部が施行されました。法令名ですが，2021年施行では「金融サービスの提供に関する法律」だったのですが，2024年施行では「金融サービスの提供及び利用環境の整備等に関する法律」と言葉が加えられ，長い名称になりました。

肝心の不動産信託受益権取引に影響のある法令内容の改正ですが，従前金融商品取引法に規定されていた顧客などに対する誠実義務が金融サービス提供法（2条）へ移され，2024年11月に施行されています。理由は，金融商品取引法の対象よりも広い範囲の金融事業者へ拡大させるためです。また，顧客の最善の利益を勘案した業務運営の遂行という要素，いわゆる最善利益義務が新たに規定されました。この点については後に記します。

第二種金融商品取引業者が不動産信託受益権の販売を行うことは，私募取扱いや媒介などの仲介業務を含めて金融サービス提供法の対象となりますので，売買契約や仲介業務委託契約の締結に際して買主に対する説明の義務などを負います。業者が説明すべき内容は大きく分けて3つありますが，不動産信託受益権売買に関しては次の2つが該当します。

⑺　元本欠損が生ずるおそれがある場合のリスクの所在など
⑷　解除等に関する制限

金融商品取引法と同じように，説明については，顧客の知識，経験，財産の状況および当該金融商品の販売に係る契約を締結する目的に照らして，

当該顧客に理解されるために必要な方法および程度によるものでなければならない（4条2項），との定めもあります。顧客への説明の方法は，時期は金融商品の販売が行われるまでの間と定められているため契約締結までとなり，金融商品取引法に基づく契約締結前の情報提供の内容にあわせて行うのが，円滑と考えられます。なお，金融商品取引法では対象外となっている私募（発行）取引においても，金融サービス提供法は対象となっていますので，買主への説明義務が課せられていることに注意してください。

加えて，顧客に対して不確実な事項について断定的判断を提供すること，ならびに確実であると誤認させるおそれのあることを告げることも禁じています（5条）。なお，顧客が特定投資家である場合，顧客から説明を要しない旨の意思表明があった場合には，説明義務を負いません。

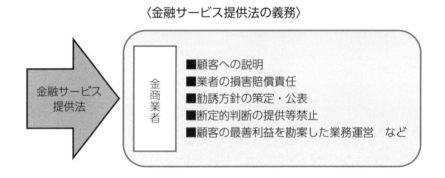

〈金融サービス提供法の義務〉

● 顧客の最善利益義務

2024年11月に改正施行された顧客の最善利益義務についてですが，その主な内容（2条1項）として，金融サービスの提供に係る業務を行う者は，顧客の最善の利益を勘案しつつ，顧客に対して誠実かつ公正に，その業務を遂行しなければならないと定めています。

金融庁は2017年3月に「顧客本位の業務運営に関する原則」を策定のうえ公表して，金融事業者に対して顧客本位の商品やサービスを提供する取組みを求めてきましたが，十分な浸透を図るまでに至りませんでした。このため，今回の法改正において，その中心をなす顧客の最善利益を勘案した業務運営を義務として位置づけました。

顧客の最善利益義務は，金融商品取引業者の役員や使用人が主体ですので，不動産信託受益権取引においても遵守が求められていることを認識していただきたいと考えます。

2 宅地建物取引業法

第二種金融商品取引業者が宅地建物取引業者である場合，宅地建物取引業法に基づく重要事項説明を行う必要があります。これは，金融商品取引法が制定されたときに宅地建物取引業法も改正され（宅建業法35条，50条の2の4），義務づけられたものです。

重要事項説明を要するケースは，不動産信託受益権の売主となる場合と売買の代理・私募の取扱い・媒介を行う場合で，説明の相手方は買主です。説明をしなくてはならない内容ですが，対象となる宅地や建物についての取引物件に関する事項のほとんどの項目，取引条件に関する事項の契約不適合責任の履行措置の概要，加えて，その他重要な事項（業者の相手方の判断に重要な影響を及ぼすこととなるもの）も明示されてはいないものの，必要と考えられます。

56　第4章　売買に関係する主な法規制

〈不動産信託受益権取引の説明内容〉

受益権欄に●のあるもの（網掛け）の項目は説明が必要

受益権	宅建業法の重要事項説明内容（売買）	
	Ⅰ．対象となる宅地または建物に直接関係する事項	
●	1	登記記録に記録された事項
●	2	都市計画法，建築基準法等の法令に基づく制限の概要
●	3	私道に関する負担に関する事項
●	4	飲用水・電気・ガスの供給施設および排水施設の整備状況
●	5	宅地造成または建物建築の工事完了時における形状，構造等（未完成物件のとき）
●	6	（区分所有建物の場合）一棟の建物またはその敷地に関する権利およびこれらの管理・使用に関する事項
	7	建物状況調査の結果の概要（既存の建物のとき）
	8	建物の建築および維持保全の状況に関する書類の保存の状況（既存の建物のとき）
●	9	当該宅地建物が造成宅地防災区域内か否か
●	10	当該宅地建物が土砂災害警戒区域内か否か
●	11	当該宅地建物が津波災害警戒区域内か否か
●	12	水防法の規定により市町村の長が提供する図面（水害ハザードマップ）における当該宅地建物の所在地
●	13	石綿使用調査の内容
●	14	耐震診断の内容
●	15	住宅性能評価を受けた新築住宅である場合
	Ⅱ．取引条件に関する事項	
	1	代金および交換差金以外に授受される金額

2　宅地建物取引業法　57

		2　契約の解除に関する事項
		3　損害賠償額の予定または違約金に関する事項
		4　手付金等の保全措置の概要（業者が自ら売主の場合）
		5　支払金または預り金の保全措置の概要
		6　金銭の貸借のあっせん
●		7　担保責任（当該宅地または建物が種類または品質に関して契約の内容に適合しない場合におけるその不適合を担保すべき責任）の履行に関する措置の概要
		8　割賦販売に係る事項
	Ⅲ．その他重要な事項	
●		1　業者の相手方の判断に重要な影響を及ぼすこととなるもの
	Ⅳ．その他の事項	
		1　供託所等に関する説明

　顧客へ説明する際には，宅地建物取引士が重要事項説明書に記名をし，宅地建物取引士証を提示して行わなくてはなりません（35条3項・4項）。また，買主の属性などに応じて，説明内容について顧客の理解が得られるように説明します。

　なお，金融商品取引法では対象外となっている私募取引においても，宅地建物取引業法の説明は課せられているため，買主に対して行う必要があります。一方，顧客が特定投資家である場合は，説明義務を負いません。ただし，現物不動産の場合は，買主が宅地建物取引業者の場合は重要事項説明書の交付だけで説明義務はありませんが，不動産信託受益権売買の場合にはこの例外が適用されません。ついては，特定投資家でない宅地建物取引業者に対しては，説明をしなくてはなりません。

58　第4章　売買に関係する主な法規制

◆契約締結前交付書面と根拠法令

　契約締結前に情報提供を要する書面は，これまで記してきたように金融商品取引法・金融サービス提供法・宅地建物取引業法の3つの法令に基づいたものが求められています。各法令の適用関係については複雑であるため，表に整理してみましたので参考にしてください。

〈契約締結前交付書面と根拠法令の整理〉

根拠法令		業者の立場	対象契約	説明対象顧客
金商法		買主	売買（自己）	売主
		買側の私募取	私募取委託	買主
		売側の媒介	媒介委託	売主
		買側の媒介		買主
金商法 ＋ 金サ法 ＋ 宅建業法		売主	売買（自己）	買主
		売側/買側の私募取	売買	買主
金サ法 ＋ 宅建業法		売主	売買（私募）	買主
		売側/買側の媒介	売買	買主

（略称）金商法＝金融商品取引法，金サ法＝金融サービス提供法，宅建業法＝宅地建物取引業法，私募取＝私募の取扱い

　上の表は根拠法令を中心としたもののため，実務者にとっては取引場面から見たほうがわかりやすいかと考えて，取引場面に応じて整理したものを次頁に掲載します。大きく委託契約時か売買契約時かに大別したうえで，取引態様と金融商品取引業者の立場に応じた説明対象となる顧客，契約締結前に説明を要する内容に関する根拠法令を記しています。

2 宅地建物取引業法　59

〈業者の立場別の契約締結前交付書面の整理〉

委託契約時

取引態様	業者の立場	説明対象顧客	説明を要する法令		
			金商法	金サ法	宅建業法
私募の取扱い	売主からの委託	不要 (注1)			
	買主からの委託	買主	●		
媒介	売主からの委託	売主	●		
	買主からの委託	買主	●		

売買契約時

取引態様	業者の立場	説明対象顧客	説明を要する法令		
			金商法	金サ法	宅建業法
私募	売主	買主 (注2)		●	●
	買主	不要 (注2)			
自己売買	売主	買主	●	●	●
	買主	売主	●		
私募の取扱い	売主からの委託	買主	●	●	●
	買主からの委託	買主	●	●	●
媒介	売主からの委託	買主		●	●
	買主からの委託	買主		●	●

（略称）金商法＝金融商品取引法，金サ法＝金融サービス提供法，宅建業法＝宅地建物取引業法

（注1）業府令80条1項8号リにより売主へは不要です。

（注2）私募取引は金商法による金融商品取引行為に該当しません。ただし，金融サービス提供法の対象には該当するため，同法の説明対象者である買主に対しては必要となります。

3 犯罪による収益の移転防止に関する法律

(1) 業者に課せられた5つの義務

犯罪収益移転防止法は，犯罪によって得られた不当な資金の出どころをわからなくさせる行為であるマネー・ローンダリングや，テロ行為の実行を目的として必要な資金をテロリストに提供することを防止するためにつくられた法律です。金融商品取引業者は，宅地建物取引業者と同じように，犯罪収益移転防止法に基づく対応が必要である特定事業者に該当し，次の義務があります。

(ア) 顧客の本人確認（取引時確認）（4条）
(イ) 確認記録の作成と保存（6条）
(ウ) 取引記録の作成と保存（7条）
(エ) 疑わしい取引の届出等（8条）
(オ) 取引時確認等を的確に行うための体制の整備（11条）

実は5つ目の取引時確認等を的確に行うための体制の整備は，犯罪収益移転防止法の定めにおいては義務の一段階下の努力義務にとどまっています。しかし，金融庁の監督指針によると義務的な記載となっているため，金融商品取引業者は義務と考えるのが妥当ということになります。

〈5つの義務〉

(ア)	顧客の本人確認 （取引時確認）	顧客との間で，特定業務のうち特定取引を行うに際しては，本人特定事項等の確認を行わなければならない
(イ)	確認記録の作成と保存	取引時確認を行った場合には，ただちに「確認記録」を作成し，特定取引に係る契約が終了した日から7年間保存しなければならない
(ウ)	取引記録の作成と保存	特定業務に係る取引を行った場合には，ただちに「取引記録」を作成し，取引の行われた日から7年間保存しなければならない
(エ)	疑わしい取引の届出等	取引時確認の結果を勘案して，特定業務において収受される財産が犯罪による収益である疑いがあり，または顧客等が特定業務に関してマネー・ローンダリングを行っている疑いがあるなどと認められる場合には，速やかに行政庁に届け出なければならない
(オ)	取引時確認等を的確に行うための体制の整備	上記(ア)から(エ)を的確に行うため，使用人への教育訓練の実施，措置実施の規程整備などの措置を講じるよう努めなければならない

　犯罪収益移転防止法に基づく対応が求められる事業者を，「特定事業者」としています（2条2項）。特定事業者は，銀行などの金融機関，弁護士・司法書士などの士業，宅地建物取引業者など50数業種が定められていて，時の経過とともに少しずつ追加されてきています。この特定事業者が，業種別に定められた特定業務に関する特定取引を行う際に，取引時確認の措置実施が義務づけられています。なお，第二種金融商品取引業者の特定業務と特定取引は，次のようになります。

62 第4章 売買に関係する主な法規制

特定業務	第二種金融商品取引業に係る業務 （法別表，施行令6条7号）
特定取引	顧客等に有価証券を取得させる行為を行うことを内容とする契約の締結（施行令7条1号リ） ＝不動産信託受益権の売買契約（私募は対象外）

　不動産信託受益権の取引において，取引時確認などの犯罪収益移転防止法の対応を要する対象は売買契約締結であり，私募取扱いや媒介の委託契約締結は法の対象外となっています。また，不動産信託受益権の私募取引は，売却と取得双方ともに特定取引には該当しないため，取引時確認の対象にはなりません。私募取引の実務において，取引時確認を行うか否かは各業者の判断になりますが，売買取引と同様に行うことによって，取引の安全性を高めるのも1つの方法と考えます。

　一方，金融商品取引においては特定投資家に適用されない規制がいくつかありますが，犯罪収益移転防止法は特定投資家であっても適用されますので，取引時確認の実施などを忘れないようにしてください。

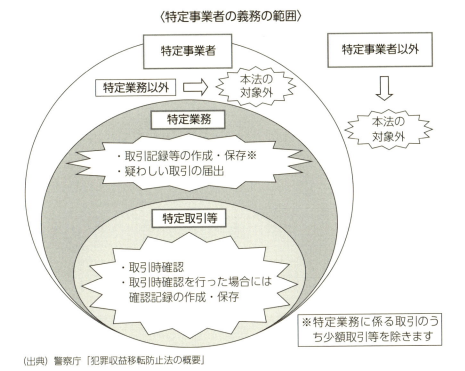

(出典) 警察庁「犯罪収益移転防止法の概要」

(2) マネー・ローンダリングやテロ資金供与対策の背景

　金融商品取引業者を含む金融機関を管轄する金融庁は，マネー・ローンダリングやテロ資金供与対策（以下「マネロン等対策」と略します）を特に強力に推進しています。

　わが国は，2021年に国際的にマネロン等対策の中心的な役割を担っているFATF（Financial Action Task Force）の第4次審査を受け，日本のマネロンなどの対策の成果が認められ「重点フォローアップ国」との結論になりました。同時に，日本の対策を一層向上させるため，金融機関に対する監督・検査などに優先的に取り組むことが必要とされました。

　金融庁は，金融機関における実効的なマネロン等対策の基本的な考え方

を明らかにした「マネー・ローンダリング及びテロ資金供与対策に関するガイドライン」や「マネロン・テロ資金供与対策ガイドラインに関するよくあるご質問（FAQ）」を従来から策定・公表して，金融機関に求めるマネロン等対策の明確化を行っています。なお，国土交通省でも2022年10月に「宅地建物取引業におけるマネー・ローンダリング及びテロ資金供与対策に関するガイドライン」を公表し，業者に対応を求めています。内容は似ているのですが，マネロンなどの対策は業務を行うにあたり必須となっていることを強く感じます。

　金融関係業者に比較的強く認識されているのに，宅地建物取引業者の認識が低いものの例として，特定事業者作成書面があります。特定事業者作成書面とは，自らが行う取引に伴うマネー・ローンダリングの危険性などについて定期的に調査や分析を行い，その結果を記載した書面のことです。犯罪収益移転防止法（11条4号，施行規則32条1号）では努力義務という位置づけで規定されていますが，金融庁の監督指針（Ⅲ−2−6(1)①）では実施を求められています。社内の規程で特定事業者作成書面がある第二種金融商品取引業者も多く存在しているのですが，残念ながら肝心の担当者レベルにおいて認識されていないことが多く見受けられます。

(3)　SPCの取引時確認

　不動産信託受益権取引では，売主や買主が，従業者を雇用していないペーパーカンパニーであるSPC（特別目的会社）などであることがあります。法人の取引時確認は，法人自体とともに会社の代表者や担当者など現に取引の任にあたっている者についても，行わなければなりません。SPCなどの場合，登記されている職務執行人本人に会えればいいのですが，そうでない場合はアセットマネジメント会社など社外の第三者に行うことになります。この場合，現に取引の任にあたっていることを確認するための

方法として，実施対象者に対する委任状を取得するなどの対応をして行います（委任状については，**第5章6**に詳細を記しています）。

◆取引時確認の概要

　取引時確認は，宅地建物取引でも行われているためよくご存じだと思いますが，概要について簡単に説明します。不動産信託受益権取引においては，対象者が法人の場合が多いと想定されますが，この場合は個人に比べて確認項目が多い点にご注意ください。

確認内容	① 本人特定事項	
	個人	氏名，住居，生年月日
	法人	名称，本店または主たる事務所の所在地
	② 取引を行う目的 ③ 職業または事業内容 ④ （法人の場合）実質的支配者の確認 ⑤ （取引の任にあたっている者）＊法人は必須 　　法人の代表者または担当者の本人特定事項	
実施時期	取引を行う際 ＊あいまいな表現となっていますが，法の趣旨や確認する意味からいうと契約締結の前までと考えられます。	
確認方法	対面，非対面（オンライン含む） ＊非対面の場合には，法令に定められた方法で行うことになります。	
確認対象	売買の場合：取引の相手方（売主にとっては買主，買主にとっては売主） 媒介の場合：売主と買主の両方 ＊媒介の場合，他の媒介業者が介在していても各媒介業者が売主・買主双方の取引時確認義務がありますが，媒介業者の1社が代表して行うこともできます。この場合，実施しない業者はどの業者が実施したかなどを記録に残し，当該業者の確認記録を検索できるようにしておくことが必要となります。	

4　個人情報の保護に関する法律

　個人情報等を取り扱う場合のルールについて定めた法律が個人情報保護法で，個人情報の有用性に配慮しつつ個人の権利利益を保護することを目的としています。金融商品だけにとどまらず不動産に関する業務においても，個人情報漏えいなどのトラブルは近年多発している状況です。

　このようななかで不動産信託受益権取引において，個人情報保護法の対象となるものとして最も気をつけなければならないものが賃貸借一覧表で，レントロールなど別の呼び方もされています。信託財産が賃貸マンションであれば個人名が記載されているのはもちろんですが，そうではない時でも，この表に個人名が記されていることをよく目にします。

　個人情報保護法では，個人データの第三者への提供を禁じています。個人データとは，個人データベースという個人情報を検索できるように整理したものがあり，これを構成する個人情報のことをいいます。個人データベースは，パソコンで一覧化されたものが代表的な例ですが，紙の台帳で体系的に管理や更新がなされているものも該当します。Excelで作成された個人データの入った賃貸借一覧を，購入検討者へ電子メールで送れば，法令違反ということになり得てしまいます。

　賃貸借一覧に個人データを含んでいる場合の対応としては，あらかじめ本人の同意を得ておく，または，あらかじめ一定の事項を本人に通知や公表しておくとともに，個人情報保護委員会への届出を行い，本人から求めがあった場合には第三者提供を停止することとする手続（いわゆるオプトアウト）をする方法が考えられ，この手続を経ることによって第三者提供ができるようになります。

　上記手続は，すべての賃借人から同意が取得できるか不確定要素も含まれていて，難しい場合もあるでしょう。このため，実務上においては必要

がない限り個人データを保有しないようにすることが，肝要と考えられます。すなわち，できるだけ不要な情報は入手しないこと，入手せざるを得ない場合は紙などデータベースではないものでもらうこと，賃貸借一覧を表計算ソフトでは作成しないこと，などの対応を行うことが考えられます。

〈個人情報と個人データ〉

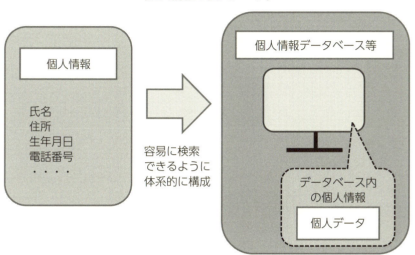

◆個人情報保護の用語と基本ルール

　個人情報保護は，宅地建物取引でも必須のためよくご存じだと思いますが，改めて用語等について簡単に説明します。不動産信託受益権取引においては個人を対象にすることが少ないため関係ないと思いがちですが，個人情報保護法に基づく対応が必要になるものがあります。

| 個人情報 | 生存する個人に関する情報で，氏名，生年月日，住所，顔写真などにより特定の個人を識別できる情報 |

要配慮個人情報	個人情報のうち，特に取扱いに気をつけるべき個人情報で，要配慮個人情報の取得には，原則としてあらかじめ本人の同意が必要 ＜例示＞ 人種，信条，社会的身分，病歴，犯罪の経歴，心身の障害に関する情報，健康診断などの結果　など
個人情報データベース等	特定の個人情報を検索することができるように体系的に構成された，個人情報を含む情報の集合物
個人データ	「個人情報データベース等」を構成する個人情報のことで，例えば，名簿を構成する氏名・生年月日・住所・電話番号などの個人情報がこれに該当する
保有個人データ	「個人データ」のうち，個人情報取扱事業者が本人から請求される開示・訂正・削除などに応じることができる権限を有するもの

〈個人情報や個人データを取り扱うときの基本ルール〉

1. 取得・利用　▶勝手に使わない！
- 利用目的を特定して，その範囲内で利用する。
- 利用目的を通知又は公表する。

2. 保管・管理　▶なくさない！漏らさない！
- 漏えい等が生じないように，安全に管理する。
- 従業者・委託先にも安全管理を徹底する。

3. 提供　▶勝手に人に渡さない！
- 第三者に提供する場合は，あらかじめ本人から同意を得る。
- 第三者に提供した場合・第三者から提供を受けた場合は，一定事項を記録する。

4. 開示請求等への対応　▶お問合せに対応！
- 本人から開示等の請求があった場合はこれに対応する。
- 苦情に適切・迅速に対応する。

（出典）政府広報オンライン

第4章の復習

Q1：金融サービス提供法に基づく，不動産信託受益権取引に関係する規制は何がありますか？

A1：不動産信託受益権を取り扱う業者に対しては，顧客への説明と説明しなかったことにより損害が生じた場合の販売業者の損害賠償責任，金融商品販売業者が適正な勧誘を行うようにするために勧誘方針の策定・公表，断定的判断などの提供禁止，顧客の最善利益を勘案した業務運営などを，義務づけています。

Q2：不動産信託受益権売買に際して，宅地建物取引業法に基づく重要事項説明を行うときの注意点には何がありますか？

A2：この重要事項の説明については，宅地建物取引業と同様に宅地建物取引士が交付する書面に記名し，宅地建物取引士証を提示して行うことが必要となります。また，買主の属性などに応じて，説明内容について顧客の理解が得られるように説明します。

Q3：不動産信託受益権の売買契約を行うに際して，犯罪収益移転防止法で実施しなくてはならない内容は何がありますか？

A3：次の5つが義務づけられています。㈹の体制の整備は犯罪収益移転防止法では努力義務ですが，金融庁の監督指針で実施が義務づけられています。

　㈰　顧客の本人確認（取引時確認）
　㈪　確認記録の作成と保存
　㈫　取引記録の作成と保存
　㈬　疑わしい取引の届出
　㈹　取引時確認等を的確に行うための体制の整備

70　第4章　売買に関係する主な法規制

Q4：個人情報保護法の対象となるものとして，不動産信託受益権取引で気をつけなければならないものはありますか？

A4：最も気をつけなければならないものが，賃貸借一覧表（レントロール）です。

第**5**章
実務の手順

　不動産信託受益権の売買取引の進め方について，自分自身が売主または買主になるものが「私募」「売買」，売買の仲介を行うものが「私募の取扱い」「媒介」，それぞれ2つ，合わせて4つのパターンに分けて順を追って見ていきます。

1　立場の整理

　金融商品である不動産信託受益権の売買取引に際して，実務で行わなければならない内容は，それぞれの業者の取引における立場によって少しずつ異なっています。ここを理解しないと実務の進め方や業務内容を誤ってしまいますので，**第2章3**でも述べましたが少し表現を変えて再度伝えます。

　宅地建物取引とは異なり不動産信託受益権については，取引の当事者である売主や買主の場合，または取引の間を取り持つ仲介者である場合により，さらにそれぞれ2つの取引態様に金融商品取引法により分けられています。この2つの取引態様とは，現物不動産から不動産信託受益権になってから初めての取引か，2回目以降の取引か，がポイントになります。

現物不動産取引であれば，売買の当事者か仲介者という立場だけなのですが，不動産信託受益権は取引態様がさらに2つに分けられているため，4つのパターンになります。ここの違いによって取引における手続が異なってきますので，十分に理解したうえで進んでください。

取引の態様は次のように整理されます。

〈不動産信託受益権の取引態様〉

業者の立場	取引態様	
	信託受益権になって初めての取引	信託受益権になって2回目以降の取引
売主 買主	私募	売買
仲介者	私募の取扱い	媒介

〈取引と行為（再掲）〉

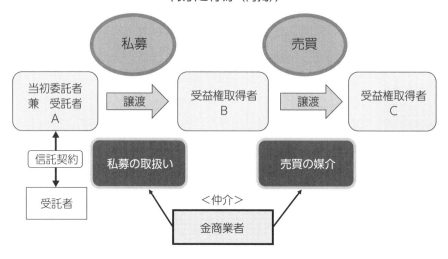

宅地建物取引に慣れている方々には上記の取引態様は違和感があるでしょうが、間違わないように気をつけてください。

　本章のこの後の内容は、金融商品取引業者が宅地建物取引業者を兼ねている場合が多いことを考慮して、**両方の業者を兼ねていることを前提**にしています。
　なお、実務内容は金融商品取引法をはじめとした金融商品取引として必要となる手続に重点を置いていますので、取引上の必要業務が必ずしも網羅的でなく、取引によっては不要なものが含まれていることがあることをお断りします。また、実務の順番は、取引により変わってくることがあることについてもお断りします。
　あくまでも典型的な実務内容と手順として、理解してください。

2　私　　募

＊破線で囲んだ部分が当該取引

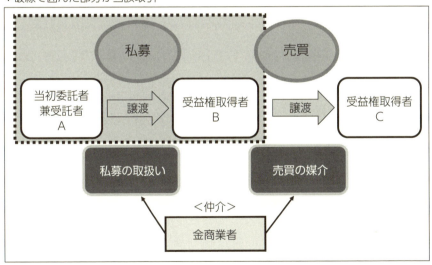

この取引は、売主や買主の立場で、受益権になってから初めて売買され

る案件を取り扱うものです。

　実務の場面を見ると，現物不動産を保有している売主が売却活動を行ったところ，買主候補者の購入条件は売主がほぼ納得のいくものであるが，信託受益権での引渡しを希望するため，この取引形態になっているケースが主です。この場合，現物不動産の売却を希望する売主としては，希望して不動産信託受益権での引渡しになったのではない，ということになります。このような状況であることもあり，売却対象の不動産を信託受益権に変換する手続について，多くは買主の主導で行われています。

　売買契約の実施についても，売主の認識としては通常の不動産売買取引と考えていたものが，金融商品の売買取引になってしまうことになるため手続が異なってきます。なるべく早い時期に金融商品取引と認識したほうが準備の手間などを考慮するといいのですが，少なくとも売却を承諾した時期ぐらいから，金融商品取引と認識して売買契約に向けた準備を進めたほうがいいといえます。

　一方，買主は当初から信託受益権での購入を前提にして取得活動をしていたということは，初めから金融商品取引を行っていたと認識していたといえます。

　本取引は金融商品取引ではあるものの，金融商品取引法は適用されず，当事者である売主・買主についても金融商品取引業者である必要はありません。ただし，売主・買主が第二種金融商品取引業者であり宅地建物取引業者であった場合には，金融サービス提供法と宅地建物取引業法の適用を受けることになり，売主の手続としては契約締結前交付書面による情報提供が必要になります。

　不動産信託受益権の売却や取得勧誘などを，仲介業務を行う第二種金融商品取引業者に委託する場合は，当該業者との間で私募の取扱い委託契約を締結することになります。委託業務の内容に，宅地建物取引の媒介契約

と同様，契約締結から決済・引渡しまでの業務を含めることにより，第二種金融商品取引業者に行ってもらえるケースもあります。

（丸番号順に「●実務の説明」で解説）

私募	
売　　主	買　　主
［場合による］私募の取扱い委託契約の締結① 売却活動 ②	［場合による］私募の取扱い委託契約の締結① 取得活動 ②
契約条件の合意	
契約締結前交付書面による説明③ 取引時確認④（任意）	
売買契約の締結	
信託契約の締結⑤ 譲渡承諾取得の手配⑥	［必要時］質権設定承諾取得の手配⑦
譲渡承諾の確定日付取得⑥ ［必要時］質権設定承諾の確定日付取得⑦	
決済・引渡し	
登記⑧	

● 実務の説明

① 私募の取扱い委託契約の締結

売却や取得勧誘を第二種金融商品取引業者に委託する場合については，

当該業者との間で私募の取扱い委託契約を締結することになります。実際の契約締結時期は，売買契約締結に近い日または同日の場合も見られます。

　この契約の準備は委託先の第二種金融商品取引業者が行いますが，契約締結前交付書面による情報提供を受けるなどの手続があります。なお，売主や買主が特定投資家の場合，契約締結前交付書面による情報提供は省略されます。

②　売却・取得活動

　売却・取得活動ともに，金融商品取引法の適用はありませんので，売買における適合性原則などの行為規制の適用はないということになります。ただし，売却活動が現物不動産の時点においては，宅地建物取引業法による規制を受けることになります。

　取得活動に際して，購入検討者は売主から物件情報の開示を受ける前に，情報を漏えいしないという目的で秘密保持誓約書の差入れを依頼されることがあります。秘密保持誓約書は差入れでなく取り交わすこともあり，略称としてCA（Confidential Agreement）と呼ばれることもあります。

　買主候補者から，不動産の詳細調査であるデュー・ディリジェンスを実施した後に売買契約手続をしたいとの申出を受けることがあり，この調査に多少時間を要することがあります。

③　契約締結前交付書面による説明

　売主は，売買契約締結の前に，金融サービス提供法と宅地建物取引業法に基づく契約締結前交付書面（重要事項説明書）を作成し，買主に対して交付して説明しなければなりません。宅地建物取引業法に基づく部分の説明は，宅地建物取引士が宅地建物取引士証を提示したうえで行わなければなりません。

なお，相手方が特定投資家の場合，情報提供は不要となります。

④　取引時確認

　私募取引は，売却と取得ともに犯罪収益移転防止法で定める特定取引に該当せず，取引時確認は義務ではありません。しかし，実務の場面では，顧客からは私募と売買の違いを認識しにくく，取引時確認により取引の安全性が高まるなどの理由により，任意ではありますが取引時確認を実施していることが多いようです。

⑤　信託契約の締結

　決済・引渡しまでに，売主と信託銀行などの受託者との間で，「不動産管理処分信託契約」などの契約書の名称である信託契約の締結を行います。買主の希望により信託受益権にすることが主であり，買主が主導して手続などを行うことが一般的です。

⑥　譲渡承諾の手配と確定日付取得

　通常の信託契約では，不動産信託受益権の譲渡について受託者の書面による事前の承諾を得ないとできない，ということを定めています。このため，受託者から受益権譲渡の承諾書を取得して，主として決済日に公証役場で確定日付の取得をします。

　決済時に確実に確定日付の取得ができるように，事前に手配を行います。

　なお，この手続についても，信託契約と同様に買主が主導して行われることが一般的です。

⑦　質権設定承諾の手配と確定日付取得

　買主が売買代金をローンで調達する場合には，貸付人である金融機関か

ら信託受益権に質権の設定を求められることがあります。質権設定承諾取得についても，通常は，譲渡承諾と同様に受託者の書面による事前の承諾を得ないとできない，ということを信託契約書で定めています。このため，受託者から質権設定の承諾書を取得して，主として決済日に公証役場で確定日付の取得をします。

決済時に確実に確定日付の取得ができるように，事前に手配を行います。

⑧　登　　記

決済の実行によって不動産信託受益権が売主から買主へ移転すると，信託契約書や売買契約書の定めにより，委託者および受益者の変更登記を申請します。変更登記の義務者は受託者ですが，買主が手配することが多いです。

なお，現物不動産を当初委託者から受託者へ信託する信託設定登記が未了の場合には，こちらを先に行うことになります。

3 売　買

＊破線で囲んだ部分が当該取引

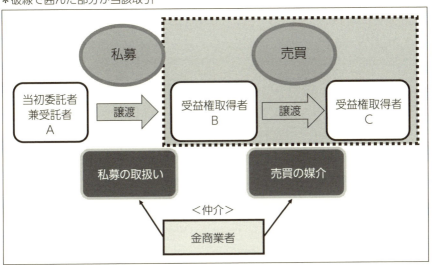

　この取引は，売主や買主の立場で，受益権になってから売買されるのが2回目以降の案件を取り扱うものです。私募と異なり金融商品取引法が適用されますので，取引で必要となる手続が少々多めになります。

　不動産信託受益権の売却や取得勧誘を，仲介業務を行う第二種金融商品取引業者に委託する場合は，当該業者との間で媒介委託契約を締結することになります。委託業務の内容に，宅地建物取引の媒介契約と同様，契約締結から決済・引渡しまでの業務を含めることにより，第二種金融商品取引業者に行ってもらえるケースもあります。

80　第5章　実務の手順

（丸番号順に「●実務の説明」で解説）

売　買	
売　　主	**買　　主**

［場合による］媒介委託契約の締結①	［場合による］媒介委託契約の締結①
広告物の作成・審査②	
特定投資家制度に基づく手続③	特定投資家制度に基づく手続③
売却活動 ④	取得活動 ④
顧客カードの作成⑤	顧客カードの作成⑤

▼

契約条件の合意

▼

契約締結前交付書面による情報提供⑥	契約締結前交付書面による情報提供⑥
取引時確認⑦	取引時確認⑦

▼

売買契約の締結

▼

契約締結時交付書面による情報提供⑧	契約締結時交付書面による情報提供⑧
注文伝票の作成⑨	注文伝票の作成⑨
譲渡承諾取得の手配⑩	［必要時］質権設定承諾取得の手配⑪
	［必要時］信託解除の準備⑫
譲渡等承諾の確定日付取得⑩	
［必要時］質権設定承諾の確定日付取得⑪	

▼

決済・引渡し

▼

登記⑬	
取引残高報告書の交付⑭	取引残高報告書の交付⑭
取引日記帳・顧客勘定元帳の作成⑮	取引日記帳・顧客勘定元帳の作成⑮

● 実務の説明

① 媒介委託契約の締結

売却や取得勧誘を第二種金融商品取引業者に委託する場合については，当該業者との間で媒介委託契約を締結することになります。実際の契約締結時期は，売買契約締結に近い日または同日の場合も見られます。

この契約の準備は委託先の第二種金融商品取引業者が行いますが，契約締結前交付書面による情報提供や説明を受けるなどの手続があります。なお，売主や買主が特定投資家の場合，契約締結前交付書面による情報提供は省略されます。

② 広告物の作成・審査

購入検討者へ渡す物件概要書などの広告物については，一定の事項を表示する義務や文字の大きさに関する規制などがあるため，社内の広告審査体制に従い審査を受けた後に，購入検討顧客へ交付します。

③ 特定投資家制度に基づく手続

売主や買主の候補者が，一般投資家へ移行可能な特定投資家の場合には，契約締結までに告知書を交付することが義務づけられています。告知書は，一般投資家へ移行することが可能である旨が記されます。実務としての交付時期は，取引手続が特定投資家と一般投資家でかなり異なることを考えると，早めに行うほうがいいといえます。

もしも，当該顧客が一般投資家への移行を希望した場合には，法令（法令より高いレベルの社内ルールがあればそちら）に従って手続を進めることになります。一方，特定投資家への移行可能な一般投資家が売主や買主の候補者の場合についても，特定投資家への移行を希望した場合には，法令（法令より高いレベルの社内ルールがあればそちら）に従って手続を進

めることになります。

④　売却・取得活動

売却・取得活動ともに，金融商品取引法に基づく適合性原則などの行為規制を遵守しながら行います。

取得活動に際して，購入検討者は売主から物件情報の開示を受ける前に，情報を漏えいしないという目的で秘密保持誓約書の差入れを依頼されることがあります。秘密保持誓約書は差入れでなく取り交わすこともあり，略称としてCA（Confidential Agreement）と呼ばれることもあります。

買主候補者から，不動産の詳細調査であるデュー・ディリジェンスを実施した後に売買契約手続をしたいとの申出を受けることがあり，この調査に多少時間を要することがあります。

⑤　顧客カードの作成

適合性原則の遵守に向け，顧客カードを作成して，契約の相手方（候補者）の知識・経験・財産の状況・金融商品取引契約を締結する目的を把握します。また，投資目的については，顧客との共有が求められているため，顧客カードを契約の相手方（候補者）に渡すなどの方法で行います。

⑥　契約締結前交付書面による情報提供

売主および買主は，契約締結前交付書面を作成し，売買契約締結の前に契約の相手方に対して説明しなければなりません。それぞれが作成する書面は，売主は金融商品取引法・金融サービス提供法・宅地建物取引業法の3つに基づくもの，買主は金融商品取引法に基づくものになります。売主が行う宅地建物取引業法に基づく部分の説明は，宅地建物取引士が書面に記名し宅地建物取引士証を提示したうえで行わなければなりません。

なお，相手方が特定投資家の場合，情報提供は不要となります。

⑦ 取引時確認

売主・買主は，それぞれ契約の相手方である買主または売主について，犯罪収益移転防止法に基づく取引時確認を行います。

⑧ 契約締結時交付書面による情報提供

金融商品取引法に基づく契約締結時交付書面を作成し，売買契約締結時に契約の相手方である買主または売主に情報提供をします。相手方が特定投資家の場合，情報提供は不要となります。

⑨ 注文伝票の作成

売主と買主は，売買契約締結後速やかに法定帳簿である注文伝票を作成して，帳票作成日から7年間保存します。

⑩ 譲渡承諾の手配と確定日付取得

通常の信託契約では，不動産信託受益権の譲渡について受託者の書面による事前の承諾を得ないとできない，ということを定めています。このため，受託者から受益権譲渡の承諾書を取得して，主として決済日に公証役場で確定日付の取得をします。

決済時に確実に確定日付の取得ができるように，事前に手配を行います。なお，この手続について，買主が行うことがあります。

⑪ 質権設定承諾の手配と確定日付取得

買主が売買代金をローンで調達する場合には，貸付人である金融機関から信託受益権に質権の設定を求められることがあります。質権設定承諾取

得についても，通常は，譲渡承諾と同様に受託者の書面による事前の承諾を得ないとできない，ということを信託契約書で定めています。このため，受託者から質権設定の承諾書を取得して，主として決済日に公証役場で確定日付の取得をします。

決済時に確実に確定日付の取得ができるように，事前に手配を行います。

⑫　信託解除の準備

買主が信託受益権ではなく現物不動産での取得を希望している場合は，取得と同時に信託契約を合意解除して，買主が所有権を取得します。決済時に合意解除ができるように，受託者と協議のうえ準備をしておきます。売主が主導して準備することが一般的です。

⑬　登　　記

決済の実行によって不動産信託受益権が売主から買主へ移転すると，信託契約書や売買契約書の定めにより，委託者および受益者の変更登記を申請します。変更登記の義務者は受託者ですが，買主が手配することが一般的です。

⑭　取引残高報告書の交付

金融商品取引が成立または受渡しを行った際は，売主・買主は相手方に取引残高報告書を交付しなくてはなりません。交付方法としては，①四半期ごとに交付する，②相手方から都度請求があった場合は当該受領の都度，となっています。②のほうが四半期ごとの交付に比べて事務が簡易に済むため，相手方から都度請求してもらう方法をおすすめします。

⑮ 取引日記帳・顧客勘定元帳の作成

売主と買主は、決済後速やかに法定帳簿である取引日記帳と顧客勘定元帳を作成して、帳票作成日から7年間保存します。

4 私募の取扱い

＊破線で囲んだ部分が当該取引

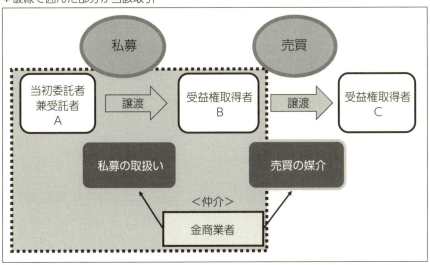

この取引は、受益権になって初めて売買される案件の取引の仲介を、売主や買主から委託を受けて、第二種金融商品取引業者が取り扱うものです。売主または買主の一方から委託を受ける場合と、双方から受ける、いわゆる両手の場合があります。

私募の取扱いについては、売主だけから委託を受けた場合であっても、取得者である買主に対して売買契約に関する契約締結前交付書面による情報提供義務などがあることに注意が必要です。

実務の手順としては、「私募の取扱い委託契約締結」と「売買契約締結

の2つのステップがあり，それぞれの契約締結に際して法令で定める手続が必要になります。実務においては，委託契約と売買契約の締結をほぼ同日に行うことも見られます。

　私募の取扱いは，当初現物不動産として売却活動が行われていたり，現物不動産の取得活動を行っていたりしたものが，購入者の信託受益権での引渡しという希望を売主が了承することにより，金融商品の取引になるものです。このことによって，取引に適用される法令も，当初は宅地建物取引業法であったものが金融商品取引業法に替わることになります。

　この取引については，どの時点から金融商品取引になるかがポイントとなります。最終的に金融商品として取引を実施することを考えると，なるべく早い時点から金融商品取引と位置づけることが，法令遵守にもつながります。実務的な観点から切り替え時点を考えると，購入申込みや売渡し承諾などが交わされる頃から金融商品取引と位置づけて，金融商品取引法に則った手続に着手するのが妥当と考えます。

4 私募の取扱い 87

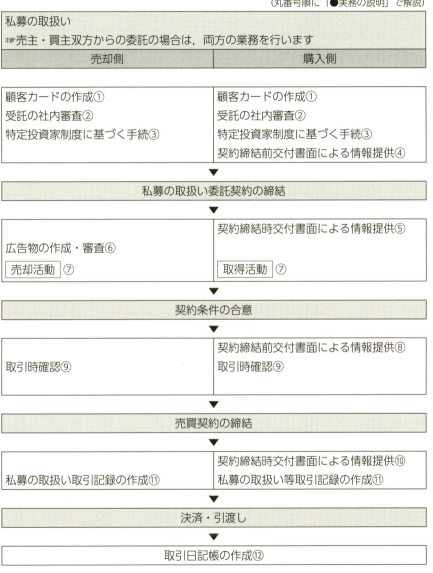

● 実務の説明

① 顧客カードの作成

適合性原則の遵守に向け，顧客カードを作成して，顧客の知識・経験・財産の状況・金融商品取引契約を締結する目的を把握します。また，顧客の投資目的については，顧客との共有が求められているため，顧客カードを顧客へ渡すなどの方法で行います。

② 受託の社内審査

私募の取扱い業務を受託するに際して，受託の妥当性について内部管理部門が審査します。審査の内容は，顧客属性や顧客の契約目的，情報入手ルート，売買の目的物である信託不動産の内容，売却希望価格，予定報酬などが考えられます。

売主から物件情報の開示を受ける前に，情報を漏えいしないという目的で秘密保持誓約書の差入れを依頼されることがあります。秘密保持誓約書は差入れでなく取り交わすこともあり，略称としてCA（Confidential Agreement）と呼ばれることもあります。

③ 特定投資家制度に基づく手続

売主や買主の候補者が，一般投資家へ移行可能な特定投資家の場合には，契約締結までに告知書を交付することが義務づけられています。告知書は，一般投資家へ移行することが可能である旨が記されます。実務としての交付時期は，取引手続が特定投資家と一般投資家でかなり異なることを考えると，早めに行うほうがいいといえます。

もしも，当該顧客が一般投資家への移行を希望した場合には，法令（法令より高いレベルの社内ルールがあればそちら）に従って手続を進めることになります。一方，特定投資家への移行可能な一般投資家が売主や買主

の候補者の場合についても，特定投資家への移行を希望した場合には，法令（法令より高いレベルの社内ルールがあればそちら）に従って手続を進めることになります。

④　契約締結前交付書面による情報提供（委託契約）

　買主と締結する私募の取扱い委託契約について，金融商品取引法に基づく契約締結前交付書面を作成し，委託契約締結の前までに買主に対して情報提供しなければなりません。実務においては，委託契約締結時期は売買契約締結に近い日または同日も見られますので，この場合は，当該情報提供も売買契約の情報提供と同時期になることもあります。

　なお，買主が特定投資家の場合，情報提供は不要となります。

⑤　契約締結時交付書面による情報提供（委託契約）

　私募の取扱い委託契約について，金融商品取引法に基づく契約締結時交付書面を作成し，売買契約締結時に買主に情報提供します。買主が特定投資家の場合，情報提供は不要となります。

⑥　広告物の作成・審査

　顧客へ渡す物件概要書などの広告物は，一定の事項について表示義務や文字の大きさに関する規制などがあるため，社内の広告審査体制に従い審査を受けた後に，購入検討顧客へ交付します。

⑦　売却・取得活動

　売却・取得活動ともに，金融商品取引法に基づく適合性原則などの行為規制を遵守しながら行います。

　買主候補者から，不動産の詳細調査であるデュー・ディリジェンスを実

90　第5章　実務の手順

施した後に売買契約手続をしたいとの申出を受けることがあり，この調査
に多少時間を要することがあります。

⑧　契約締結前交付書面による情報提供（売買契約）

　売買契約について，金融商品取引法・金融サービス提供法・宅地建物取
引業法に基づく契約締結前交付書面を作成し，売買契約締結の前までに買
主に対して情報提供しなければなりません。宅地建物取引業法に基づく部
分の説明は，宅地建物取引士が書面に記名し宅地建物取引士証を提示した
うえで行わなければなりません。

　なお，買主が特定投資家の場合，情報提供は不要となります。

⑨　取引時確認

　売主および買主について，犯罪収益移転防止法に基づく取引時確認を行
います。

⑩　契約締結時交付書面による情報提供（売買契約）

　売買契約について，金融商品取引法に基づく契約締結時交付書面を作成
し，売買契約締結時に買主に情報提供します。買主が特定投資家の場合，
情報提供は不要となります。

⑪　私募の取扱い等取引記録の作成

　売買契約の締結後速やかに，法定帳簿である私募の取扱い等取引記録を
作成して帳票作成日から10年間保存します。

⑫　取引日記帳の作成

　決済終了後に，法定帳簿である取引日記帳を作成して帳票作成日から10

年間保存します。

5 媒　介

＊破線で囲んだ部分が当該取引

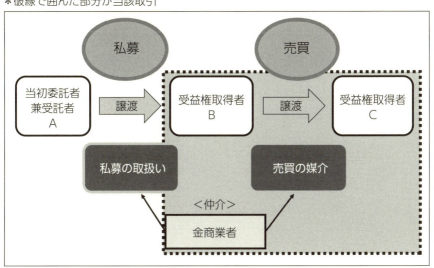

　この取引は、受益権になってから2回目以降に売買される案件の取引の仲介を、売主や買主から委託を受けて、第二種金融商品取引業者が取り扱うものです。売主または買主の一方から委託を受ける場合と、双方から受ける、いわゆる両手の場合があります。

　実務の手順としては、私募の取扱いの場合と同様に、「媒介委託契約締結」と「売買契約締結」の2つのステップがあり、それぞれの契約締結に際して法令で定める手続が必要になります。実務においては、委託契約と売買契約の締結をほぼ同日に行うことも見られます。

92　第5章　実務の手順

（丸番号順に「●実務の説明」で解説）

媒　介	
☞売主・買主双方からの委託の場合は，両方の業務を行います	
売却側	購入側

売却側	購入側
顧客カードの作成①	顧客カードの作成①
受託の社内審査②	受託の社内審査②
特定投資家制度に基づく手続③	特定投資家制度に基づく手続③
契約締結前交付書面による情報提供④	契約締結前交付書面による情報提供④

▼

媒介委託契約の締結

▼

売却側	購入側
	契約締結時交付書面による情報提供⑤
広告物の作成・審査⑥	
売却活動 ⑦	取得活動 ⑦

▼

契約条件の合意

▼

売却側	購入側
	契約締結前交付書面による情報提供⑧
取引時確認⑨	取引時確認⑨

▼

売買契約の締結

▼

決済・引渡し

▼

媒介等取引記録の作成⑩

● 実務の説明

① 顧客カードの作成

　適合性原則の遵守に向け，顧客カードを作成して，顧客の知識・経験・財産の状況・金融商品取引契約を締結する目的を把握します。また，顧客の投資目的については，顧客との共有が求められているため，顧客カードを顧客へ渡すなどの方法で行います。

② 受託の社内審査

　媒介業務を受託するに際して，受託の妥当性について内部管理部門が審査します。審査の内容は，顧客属性や顧客の契約目的，情報入手ルート，売買の目的物である信託不動産の内容，売却希望価格，予定報酬などが考えられます。

　売主から物件情報の開示を受ける前に，情報を漏えいしないという目的で秘密保持誓約書の差入れを依頼されることがあります。秘密保持誓約書は差入れでなく取り交わすこともあり，略称としてCA（Confidential Agreement）と呼ばれることもあります。

③ 特定投資家制度に基づく手続

　売主や買主の候補者が，一般投資家へ移行可能な特定投資家の場合には，契約締結までに告知書を交付することが義務づけられています。告知書は，一般投資家へ移行することが可能である旨が記されます。実務としての交付時期は，取引手続が特定投資家と一般投資家でかなり異なることを考えると，早めに行うほうがいいといえます。

　もしも，当該顧客が一般投資家への移行を希望した場合には，法令（法令より高いレベルの社内ルールがあればそちら）に従って手続を進めることになります。一方，特定投資家への移行可能な一般投資家が売主や買主

の候補者の場合についても，特定投資家への移行を希望した場合には，法令（法令より高いレベルの社内ルールがあればそちら）に従って手続を進めることになります。

④ 契約締結前交付書面による情報提供（委託契約）

売主や買主と締結する媒介委託契約について，金融商品取引法に基づく契約締結前交付書面を作成し，委託契約締結の前までに相手先に交付し情報提供しなければなりません。実務においては，委託契約締結時期は売買契約締結に近い日または同日も見られますので，この場合は，当該情報提供も売買契約の情報提供と同時期になることもあります。

なお，買主が特定投資家の場合，情報提供は不要となります。

⑤ 契約締結時交付書面による情報提供（委託契約）

買主と締結した媒介委託契約について，金融商品取引法に基づく契約締結時交付書面を作成し，売買契約締結時に買主に情報提供します。買主が特定投資家の場合，情報提供は不要となります。

⑥ 広告物の作成・審査

顧客へ渡す物件概要書などの広告物は，一定の事項について表示義務や文字の大きさに関する規制などがあるため，社内の広告審査体制に従い審査を受けた後に，購入検討顧客へ交付します。

⑦ 売却・取得活動

売却・取得活動ともに，金融商品取引法に基づく適合性原則などの行為規制を遵守しながら行います。

買主候補者から，不動産の詳細調査であるデュー・ディリジェンスを実

施した後に売買契約手続をしたいとの申出を受けることがあり，この調査に多少時間を要することがあります。

⑧　契約締結前交付書面による情報提供（売買契約）

売買契約について，金融サービス提供法・宅地建物取引業法に基づく契約締結前交付書面（重要事項説明書）を作成し，売買契約締結の前までに買主に対して情報提供しなければなりません。宅地建物取引業法に基づく部分の説明は，宅地建物取引士が書面に記名し宅地建物取引士証を提示したうえで行わなければなりません。

なお，買主が特定投資家の場合，情報提供は不要となります。

⑨　取引時確認

売主および買主について，犯罪収益移転防止法に基づく取引時確認を行います。

⑩　媒介等取引記録の作成

売買契約の締結後速やかに，法定帳簿である媒介等取引記録を作成して帳票作成日から10年間保存します。

6　現物不動産との手続比較

不動産信託受益権と現物不動産の手続や適用などを比べられるように，自らが売主・買主の場合と仲介者の場合に分けて，次頁の一表に整理してみました。売買取引において必要となる手続などの全体を眺めてみると，不動産信託受益権取引のほうが多少多めとなっています。

96 第5章 実務の手順

〈手続・適用などの比較〉

※記載内容は網羅的なものであり，取引態様などにより対象とならないものも含んでいます。

自らが売主・買主の場合（私募，売買）		
	不動産信託受益権 △は売買の場合だけに該当します。	現物不動産
[場合による]	・委託契約の締結	・媒介契約の締結
売買契約締結まで	△広告物の作成・審査 △特定投資家制度に基づく手続 △適合性原則適用 　（顧客管理，顧客カード作成） ・契約締結前交付書面による情報 　提供 ・犯罪収益移転防止法に基づく取 　引時確認	・重要事項説明書の交付と説明 ・犯罪収益移転防止法に基づく取 　引時確認 ・売買契約の契約不適合責任，違 　約金等の制限適用 ・クーリングオフ適用
売買契約締結後から決済	△契約締結時交付書面による情報 　提供 △法定帳簿の作成・保存 ・信託契約の締結 ・受託者からの承諾の取得	・売買契約成立時の書面の交付
決済後	・信託の変更登記 ・賃貸借契約の処理（不要な場合 　あり） △法定帳簿の作成・保存 △取引残高報告書による情報提供	・所有権移転登記 ・賃貸借契約の処理 ・取引帳簿の作成・保存

仲介者の場合（私募の取扱い，媒介）		
	不動産信託受益権	現物不動産
仲介契約締結	・適合性原則適用 　（顧客管理，顧客カード作成，受 　託審査） ・特定投資家制度に基づく手続	

	・契約締結前交付書面による情報提供 ・契約締結時交付書面による情報提供 ・広告物の作成・審査	・媒介に関する書面の交付 ・報酬規制あり
売買契約締結	・適合性原則適用 ・契約締結前交付書面による情報提供 ・犯罪収益移転防止法に基づく取引時確認 ・契約締結時交付書面による情報提供	・重要事項説明書の交付と説明 ・犯罪収益移転防止法に基づく取引時確認 ・売買契約成立時の書面の交付
売買契約締結後から決済	・法定帳簿の作成・保存	
決済後	・法定帳簿の作成・保存	・取引帳簿の作成・保存

　不動産信託受益権取引においては，ファンドなどが売主や買主といった当事者となることが多く，この場合，SPCなど実質的には社員のいない会社との取引になります。契約の調印や書類などを授受する場に代表者が同席できず，当該契約当事者から権限を委任されたアセットマネジメント会社の社員などの第三者が行う場合があります。この場合に，当事者と手続した者が権限のある者に行わないと，契約締結前の情報提供などの義務を果たしたことにならなくなってしまいます。

　契約締結においては，金融商品取引法・金融サービス提供法・宅地建物取引業法に基づく情報の提供，犯罪収益移転防止法に基づく取引時確認など法律で実施が義務づけられたものがあり，加えて当事者の押印のある契約書類の授受などの行為を着実に実施しなければなりません。

　当事者から関係を明示するものを提示してもらえればいいのですが，現

98 第5章 実務の手順

〈委任状（見本〉

委任状

（委任者）
　住　　所：
　名　　称：　　　　　　　　　　　　　　　　　　　㊞
（受任者）
　住　　所：
　氏　　名：

　委任者は，末尾記載の不動産を（以下「本件不動産」という。）を主な信託財産とする信託の受益権（以下「本受益権」という。）の売買取引をするに当たり，上記受任者を事務代行者として，下記の事項を委任した。

記

1．本受益権の売買の相手方又は私募の取扱い若しくは売買の媒介を行う金融商品取引業者（以下「相手方等」という。）から本受益権の売買取引に関する事務連絡その他の連絡を受ける窓口となること。

2．相手方等から取引態様の明示を受けること。

3．委任者が締結する本受益権の売買に関する契約書（売買契約書，私募取扱い業務委託契約書または媒介業務委託契約書，これらに関連する契約書）その他売買に関連する書類を相手方等から授受すること。

4．相手方等から，金融商品取引法，宅地建物取引業法，金融サービスの提供及び利用環境の整備に関する法律その他の法令上の説明を受け，これらの法令に基づく契約締結前交付書面，契約締結時交付書面，重要事項説明書その他法定の書面を受領すること。

5．犯罪による収益の移転防止に関する法律第4条第6項に規定する代表者等として，取引時確認に関する手続き及び事務を行うこと。

6．各前項に掲げる事項に付随又は関連する事項。

以上

【本件不動産の表示】

以上

実的にはなかなか難しいようです。そこで，これらの業務を精度高く果たす方法の1つが，委任状を取得することにより確認する方法です。前頁に委任状の見本を掲載していますが，委任行為の内容は，受任者の裁量で執り行うことができるといった法律行為の委任と異なり，記載事項に限定した内容の事務だけを受任者に委任するものです。なお，当事者から委任状を断られた場合は，仲介業務の委託契約書に該当する内容を記すなどの方法が考えられます。

● 受領報酬の減額

　不動産信託受益権の物件は一般的に高額であり，仲介の立場で取引に関わる場合に，成約を優先するあまり受領報酬を減額してしまうことがあると推測されます。報酬の減額が禁じられているわけではありませんが，特別利益の提供，つまり経済的利益の供与に該当すると法令違反に問われることになります。受領報酬は当事者間の交渉のなかで決められ，経緯は第三者から見るとわかりにくい場合が多いと思いますが，決定に至る経緯について数年先や当事者がいなくなっても誰でもわかるように，きちんと記録しておくことがポイントになります。

　業府令には，金融商品取引契約につき，顧客もしくはその指定した者に対し特別の利益の提供を約し，または顧客もしくは第三者に対し特別の利益を提供する行為（第三者を経由する場合を含む）を禁止する（117条1項3号）と定められています。特別の利益を提供する行為は手数料の減額も対象に含まれるため，自社で定めた受領報酬（3％程度が多いと推察される）から減額した場合などに疑義が生じることになります。

　第2章4で記したように不動産信託受益権仲介の受領報酬に制限はありませんが，特別利益の提供は，顧客間の公正取扱いの確保や投資者保護の観点から定められた規定です。現物不動産取引では気にしなかったことか

もしれませんが，不動産信託受益権取引では気にしなくてはならないこと
といえます。

第5章の復習

Q1：不動産信託受益権の「私募」と「売買」とはどのような取引ですか？

A1：双方とも，売主や買主の立場で自ら行う取引のことです。私募とは，信託受益権になってから初めて売買される案件を取り扱うものです。売買とは，受益権になってから売買されるのが2回目以降の案件を取り扱うものです。

Q2：不動産信託受益権の「私募の取扱い」と「媒介」とはどのような取引ですか？

A2：双方とも，売主や買主から委託を受けて，仲介者の立場で第二種金融商品取引業者が取り扱う取引のことです。私募の取扱いとは，受益権になって初めて売買される案件の取引の仲介を，第二種金融商品取引業者が取り扱うものです。媒介とは，受益権になってから2回目以降に売買される案件の取引の仲介を，第二種金融商品取引業者が取り扱うものです。

Q3：契約締結に関する手続を行う者が，権限の委任を受けた者であることを確認するために，どのような方法がありますか？

A3：委任状の取得があります。当事者から委任状を断られた場合は，仲介業務の委託契約書に該当する内容を記すなどの方法が考えられます。

Q4：仲介の立場で，受領報酬を会社で定めた基準より減額させる場合，注意点はありますか？

102　第5章　実務の手順

A4：特別利益の提供，つまり経済的利益の供与に該当すると法令違反に問われることになります。受領報酬は当事者間の交渉のなかで決められ，経緯は第三者から見るとわかりにくい場合が多いと思いますが，決定に至る経緯について数年先や当事者がいなくなっても誰でもわかるように，きちんと記録しておくことがポイントになります。

第6章
業者登録と報告届出

　不動産信託受益権取引を行うためには，第二種金融商品取引業者の登録が必要となります。登録に際して必要となる要件などと，登録してから金融商品取引業者として提出が求められる事業報告書や届出などについて解説します。

1　第二種金融商品取引業の登録

　金融商品取引業は，内閣総理大臣（政令により財務局長等に権限委託）に業者としての登録を受けたものでなければ，行うことはできません（金商法29条）。4種類ある金融商品取引業のなかで第二種金融商品取引業は，信託受益権の売買や媒介や，組合出資持分など集団投資スキーム持分の販売・勧誘を業として行うものです。

　第二種金融商品取引業の登録に際して必要となる資格は特にありません。株式会社や合同会社など法人であっても個人であっても登録することは可能です。ただし，登録に際して必要となる要件のうち，主となるものが3つあります。

　1つ目は財産的要件で，法人の場合は最低資本金規制，個人の場合は営

業保証金規制が設けられていて，その金額はともに1,000万円（第二種少額電子募集取扱業務のみを行う場合は500万円）（金商法29条の4第1項4号，31条の2）です。

2つ目は人的要件で，金融商品取引業を行うことができる組織体制や人的構成を有しているか（金商法29条の4第1項1号ホ・ヘ）ということです。つまり，経営者や役員が，必要となる法令などを理解し遂行するための資質を有し知識や経験があること，業務の適確な遂行に必要な人員が各部門に配置された組織体制や人員構成にあること，営業部門とは独立してコンプライアンス部門が設置され知識と経験を有する者が確保されていること，などが必要となります。

3つ目は，認定協会への加入ですが，加入しない場合は次のことが必要となります。認定団体である第二種金融商品取引業協会の定款その他の規則（投資者の保護に関するものなど）に準ずる内容の社内規則の作成，ならびに，当該規則を遵守するための体制の整備（金商法29条の4第1項4号ニ）です。認定協会へ加入しない場合の内容はハードルが高いため，すでに具備していない限りは認定協会へ加入することになることが多い状況です。

登録の窓口は，登録しようとする業者の主たる営業所を管轄する財務局・財務事務所となり，申請書がすべて揃ってからの標準的な審査処理期間が2か月と示されています。しかし，審査の前の相談が求められており，加えて，取組み予定の事業内容などによって審査期間が大幅に異なっていることや書類の手戻りの発生なども考慮すると，実質的にはもっと長い期間要することを前提に準備することをおすすめします。なお，登録申請時に必要となる費用は，登録免許税の15万円となります。

登録の手続と並行して認定協会への加入手続を進めることになりますが，第二種金融商品取引業協会においても厳格な入会審査があり，取組み予定

の事業内容などにより時間を要することがあります。

　担当官庁から登録済通知書を受け取った後，金融機関と利用者とのトラブルを裁判以外の方法で解決を図る制度であるADR制度の措置協会などに加入して，業務の開始ができるようになります。登録などに関する手続や必要となる書類などについては，次のホームページをご参照ください。

~参照ホームページ~
◆関東財務局
　https://lfb.mof.go.jp/kantou/kinyuu/kinshotorihou/mokuji_nisyu.htm
　＊一部の財務局は上記へのリンクが掲載されています
◆第二種金融商品取引業協会
　https://www.t2fifa.or.jp/admission/

〈登録申請から業務開始までの流れ〉

~法人登録の場合~

(出典) 関東財務局ホームページ

　登録時に必要となる書類と添付書類は，次になります。次の①から⑪は所定の様式で関東財務局のホームページからダウンロードできます。

① 登録申請書（第1面）
② 商号名称等（第2面）
③ 資本金の額または出資の総額および持込資本金の額（第3面）
④ 役員の氏名または名称（第4面）

106　第6章　業者登録と報告届出

⑤　重要な使用人（法令等遵守指導業務の統括者等）の氏名（第5面）
⑥　重要な使用人（助言・運用部門の統括者等）の氏名（第6面）
⑦　業務の種別（第7面）
⑧　本店等の営業所の名称・所在地（第8面）
⑨　無人の営業所等の状況（第9面）
⑩　他に行っている事業の種類（第10面）
⑪　第7条第3号イ，第3号の2，第3号の3イおよび第4号から第9号までに
　　掲げる事項（第11面）
【添付書類】
⑫　登録申請者の誓約書
⑬　業務の内容および方法を記載した書類
⑭　業務に係る人的構成および組織等の業務執行体制を記載した書面
⑮　役員および重要な使用人の履歴書（法人の場合）
⑯　登録申請者および重要な使用人の履歴書（個人の場合）
⑰　役員および重要な使用人の住民票の抄本（法人の場合）
⑱　登録申請者および重要な使用人の住民票の抄本（個人の場合）
⑲　役員および重要な使用人の身分証明書（法人の場合）
⑳　登録申請者および重要な使用人の身分証明書（個人の場合）
㉑　役員および重要な使用人の誓約書（法人の場合）
㉒　重要な使用人の誓約書（個人の場合）
㉓　特定関係者（親法人等，子法人等および持株会社）の状況を記載した書類
㉔　競走用馬に係る商品投資関連業務を行う場合，業府令第13条第3号に掲げ
　　る基準に該当しないことを証する書面
㉕　不動産信託受益権等売買等業務を行う場合，業府令第13条第4号に掲げる
　　基準に該当しないことを証する書面
㉖　定款（法人の場合）
㉗　最終の貸借対照表および損益計算書（法人の場合）
㉘　金融商品取引業務に関する社内規則（第二種金融商品取引業協会に加入しな
　　い法人の場合）
㉙　登録免許税領収書

　認定協会である第二種金融商品取引業協会への加入を希望する場合は，

上記登録と並行して手続を進めることになります。ただし，順番としては，登録が終了した後に第二種金融商品取引業協会への入会が承認されることになります。

2　事業報告書の提出

　第二種金融商品取引業を営む金融商品取引業者は，事業年度ごとに所定の事業報告書を作成し，毎事業年度経過後３か月以内に，財務局長に提出しなければなりません（金商法47条の２）。報告内容は多めであり，多様な業者が利用できる金融庁のシステムを利用しての作成が原則となるため，不慣れな場合は時間がかかってしまうことを考慮しておく必要があります。多様な業者が利用するということは，規模や業務量など広範囲に対応しているため，入力の選択肢が多いので，自身の該当箇所が見つかりにくいということになります。加えて，取引実績がなくても提出は必要であるため，特に実績のない業者は提出するのを忘れがちなので注意を要します。

　事業報告書における不動産信託受益権を取り扱う業者に関係すると思われる主な項目を，参考に記します。

〈業務の状況〉
登録年月日および登録番号，行っている業務の種類，苦情処理および紛争解決の方法，加入している金融商品取引業協会など，当期の業務概要，株主総会決議事項の要旨，役員および使用人の状況，営業所の状況，株主の状況，自ら行った委託者指図型投資信託および外国投資信託の受益証券等の募集等に係る業務の状況，みなし有価証券の売買等の状況
〈経理の状況〉
貸借対照表，損益計算書，株主資本等変動計算書

業務の状況や売買等の状況の報告においては，取引実績を個々の取引に応じて私募・売買・私募の取扱い・媒介に分けて表に記載する箇所があります。各業者の社内における区分けより細かく分けなければならないため，取引件数が多いと手間を要します。経理の状況については，当該事業年度終了後に数値を固めたものを報告します。多くの業者では，いくつかの部門または担当者が介在しないと報告書を完成できないと思われます。

事業報告書の作成と提出事業報告書は，原則として，「金融モニタリングシステム（FIMOS）」を利用して事業報告書様式を入手のうえ作成し提出します。

〈事業報告書作成と提出のステップ〉

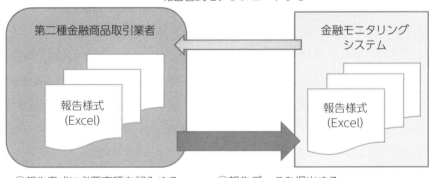

● 公衆への縦覧

金融商品取引業者は，事業年度ごとに，事業報告書の写しまたは事業報告書に記載されている一定の事項を記載した説明書類を作成し，毎事業年度経過後4か月を経過した日から1年間，すべての営業所や事務所に備え

置いて公衆の縦覧に供さなければなりません。縦覧の方法はインターネットの利用その他の方法でも可能としています（金商法47条の3，同施行令16条の17，業府令183条）。要するに，事業報告書は，金融商品取引を行うすべての営業所や事務所に，閲覧希望があったときにすぐに提示できるようにしておく必要があるということです。

3　業者の各種届出

　金融商品取引業者は，業務を開始してからも担当官庁への提出が必要となる届出がいくつかあります。事業年度ごとに提出が求められているものとして事業報告書があることは記したとおりですが，社内の業務や人事などの変更についても一定のものについて届出が必要になります。

　変更があった際の届出としては，登録申請書の内容に変更が生じた場合，発生から2週間以内にその旨を届け出なくてはなりません。また，業務方法書に記載した業務の内容・方法について変更があった場合においても，遅滞なく届け出なくてはなりません。業務方法書の変更は事前審査を要することもあるので，早い時点で担当官庁と相談することをおすすめします。届出までの期間はどれも短いので，出し忘れといううっかりミスがないようにご注意ください。

　業務の種別などを変更する場合には，変更登録を受けなくてはなりません。これは，金融商品取引業の業務種別などにより定められている登録拒否要件に該当するか，審査を要するからです。

　前記の変更届出を要する主なものについては，次頁の表をご覧ください。

110 第6章 業者登録と報告届出

〈主な変更届出〉

2週間以内に届出
① 加入する金融商品取引業協会などの加入・脱退
② 商号，名称または氏名の変更
③ 資本金の額または出資の総額の変更
④ 役員または政令で定める使用人の変更
⑤ 本店その他の営業所または事務所の名称および所在地の変更
⑥ 他に行っている事業の変更
⑦ 有価証券関連業を行う場合，電子取引基盤運営業務を行う場合，商品関連業務を行う場合，不動産信託受益権等売買等業務を行う場合などの変更

遅滞なく届出
① 業務の内容または方法の変更
② 取締役などの就任など
③ 業務休止または再開
④ 法人が他の法人と合併した時
⑤ 法人が他法人の金融商品取引業に係る事業を分割承継や譲り受けた時
⑥ 破産手続開始，再生手続開始または更生手続開始の申立てを行った時
⑦ 親法人等または子法人などに該当し，または該当しないこととなった場合
⑧ 破産手続開始，再生手続開始または更生手続開始の申立ての事実を知った場合
⑨ 定款の変更
⑩ 役職員に法令などに反する行為（事故など）があったことを知った場合
⑪ 訴訟もしくは調停の当事者となった場合

30日以内に届出
① 金融商品取引業を廃止した時
② 法人が解散した時

　第二種金融商品取引業協会の会員である場合は，協会へ対しても役所への届出事項とほぼ同様の届出が必要となることに注意してください。

第6章の復習

Q1：第二種金融商品取引業の登録に際して，必要となる主な要件には何がありますか？

A1：主に3つあり，1つ目は財産的要件で，法人の場合は最低資本金規制，個人の場合は営業保証金規制が設けられていて，その金額はともに1,000万円（第二種少額電子募集取扱業務のみを行う場合は500万円）です。

　　2つ目は人的要件で，金融商品取引業を行うことができる組織体制や人的構成を有しているかということです。

　　3つ目は認定協会への加入ですが，加入しない場合は，認定団体である第二種金融商品取引業協会の定款その他の規則（投資者の保護に関するものなど）に準ずる内容の社内規則の作成，ならびに当該規則を遵守するための体制の整備が必要となります。

Q2：毎年提出が求められている事業報告書の提出は，いつまでに行いますか？

A2：事業年度ごとに所定の事業報告書を作成し，毎事業年度経過後3か月以内に，財務局長に提出します。取引実績がなくても提出は必要であるため，特に実績のない業者は忘れないように注意を要します。

Q3：事業報告書の公衆縦覧とは，どのようなことですか？

A3：金融商品取引業者は，事業年度ごとに，事業報告書の写しを毎事業年度経過後4か月を経過した日から1年間，すべての営業所や事務所に備え置いて公衆の縦覧に供さなければなりません。事業報告書の写しに代わるものとして，事業報告書に記載されている一定の事項を記載した説明書類でも可能です。

112　第6章　業者登録と報告届出

Ｑ４：第二種金融商品取引業者が，社内の変更などが生じた場合に担当官
　　　庁へ届出を要する内容と期限はどのようになっていますか？

Ａ４：変更があった際の届出としては，登録申請書の内容に変更が生じた
　　　場合，発生から２週間以内にその旨を届け出なくてはなりません。
　　　また，業務方法書に記載した業務の内容・方法について変更があっ
　　　た場合においても，遅滞なく届け出なくてはなりません。
　　　　その他にも届出を要するものがありますので，本文記載箇所を確
　　　認してください。

第7章 コンプライアンス態勢

　金融商品取引業務を各業者が推進することについて，金融庁は投資家保護に向けて高いレベルのコンプライアンス態勢を求めています。

1　内部態勢の構築

　不動産信託受益権取引では，業務の着実な遂行により滅多にトラブルは起こらないと思いがちですが，監督官庁の金融庁は投資家保護に向けて高いレベルのコンプライアンス態勢を求めています。これは，金融商品取引法の目的である「投資家の保護に資する」ということを，確実に果たすことの現れと考えられます。

　一般的によく使われる「体制」という言葉は，社会や組織における継続的な構造や様式を意味していますが，ここで使われている「態勢」は，状況に応じた一時的な身構え・対応を意味し，想定できる危惧に対し厳重に警戒するという意味合いも含んでいます。役所の視点としては，法令遵守の前提として，社内規則に則って業務が進められているか，届け出された体制は機能しているか，研修を始めとしたコンプライアンス意識保持のための方策は実施されているかなど，業務運営や取組み方を含めて注視して

114 第7章 コンプライアンス態勢

いるといえます。

　監督官庁は，事業報告書など様々な方法で業者の業務状況を監視します
が，その方法の1つとして業者の事務所で数日間にわたる検査も実施して
います。これは，証券検査と呼ばれ，予告なしで業者を来訪して行われた
場合でも拒否はできないもので，現に不動産関係の金融商品取引業者にも
行われています。証券検査については後述します。

　まずは，内部態勢を構築するとはどのようなことか，について述べます。
金融商品取引業の登録時に，業務方法書（業務の内容や方法）や業務執行
体制（業務に係る人的構成と組織）を監督官庁に提出していますが，この
内容が守られたり機能していたりすることが重要です。

　なぜなら，これらの書類は，金融商品取引業務を遂行するために，自社
の規模・人員構成・企業文化や雰囲気といったことを十分考慮して，適切
に実施できる方法や体制として作成したものという位置づけだからです。
登録するために作成しただけということでは済まされず，業績を上げるた
めの適格な方法を記した宣誓書と考えるのが妥当でしょう。したがって，
記載された内容どおりに業務するように内部を指導し，実務に合わない場
合には適宜変更していくことも必要となります。

　経営管理が有効に機能するためには，全役職員が重大な社会的責任を有
することを認識し，自らに与えられた役割を十分理解したうえで，その業
務運営に参画していくことが必要となります。そのなかでも，経営者，役
員，監査役の担う責務は特に重要です。

　経営者は，業者としての業務を公正かつ的確に遂行することができる，
十分な資質を有していることが求められます。金融商品を担当する役員や
監査役は，金融商品取引法などの関連諸規制などの内容を理解し，金融商
品取引業の遂行に必要となるコンプライアンスならびにリスク管理に関す
る，十分な知識や経験を有することが必要です。

業務の的確な遂行に必要な人員が各部門に配置され，内部管理等の責任者が適正に配置される組織体制，人員構成にあること，また，営業部門とは独立してコンプライアンス部門（担当者）が設置され，その担当者として，知識と経験を有する者が確保されていることが求められます。業務の遂行において，帳簿書類等の作成，売買・顧客管理，広告審査，顧客情報の管理，苦情・トラブル処理，内部監査などの体制整備において，可能な要員の確保が図られていることが前提となります。

● 三線防衛

コンプライアンス態勢やリスク管理で金融庁含めてしばしば登場するのが，三線防衛という考え方です。組織の部門に，①事業実施部門，②管理部門，③内部監査部門，の3つを設定して，それぞれに対してコンプライアンス管理における3つの役割を担わせることにより，内部統制を実行していくというもので，スリーディフェンスラインとも呼ばれています。

第一のディフェンスラインである事業実施部門は，日常の業務において一定の範囲内でリスクを引き受けるとともに，リスクの特定・評価・統制に責任を負います。第二のディフェンスラインである管理部門は，第一線から独立した立場でリスクとその管理状況の監視を行い，必要に応じて第一線にリスク管理上の助言を行います。第三のディフェンスラインである内部監査部門は，一線・二線とは独立した立場でつくられたプロセスの有効性を評価し，取締役会などトップ層に客観的な保証を与えます。役職員数の少ない業者であっても，三線防衛という考え方で，それぞれの立場の方々に役割と責任を持たせることができることと考えられます。

116　第7章　コンプライアンス態勢

〈三線防衛〉

第一のディフェンスライン	第二のディフェンスライン	第三のディフェンスライン
事業実施部門	管理部門	内部監査部門
・日常の業務において一定の範囲内でリスクを引き受ける ・リスクの特定・評価・統制に責任を負う	・第一線と密に連携 ・第一線のリスクが適切に特定されたうえで管理されるように確実を期す	・一線・二線とは独立した立場でつくられたプロセスの有効性を評価 ・取締役会などトップ層に客観的な保証を与える

2　態勢の維持

　業務の遂行にあたり，決められたルールのなかで最大の業務成果を追い求めることは，言うまでもないことでしょう。金融商品取引業者は，法令や業務上の諸規則を厳格に遵守し，健全かつ適切な業務運営に努めることが強く求められています。金融庁が金融商品取引業者のコンプライアンス態勢の整備状況を確認する観点として，業務を監督する視点から監督指針Ⅲ－2－1(1)には，次のような内容が挙げられています。

---

①　コンプライアンスが経営の最重要課題の1つとして位置づけられ，その実践に係る基本的な方針，さらに具体的な実践計画（コンプライアンス・プログラム）や行動規範（倫理規程，コンプライアンス・マニュアル）等が策定されているか。また，これらの方針等は役職員に対してその存在および内容について周知徹底が図られ，十分に理解されるとともに日常の業務運営において実践されているか。

②　実践計画や行動規範は，定期的または必要に応じ随時に，評価およびフォローアップが行われているか。また，内容の見直しが行われているか。

③　コンプライアンス関連の情報が，営業を行う部門（主として収益を上げるた

めの業務を行うすべての部門をいう。以下「営業部門」という），コンプライアンス担当部署／担当者，経営陣の間で，的確に連絡・報告される体制となっているか。

④ コンプライアンスに関する研修・教育体制が確立・充実され，役職員のコンプライアンス意識の醸成・向上に努めているか。また，研修の評価およびフォローアップが適宜行われ，内容の見直しを行うなど，実効性の確保に努めているか。

⑤ 金融商品取引業者の内部管理態勢を強化し，適正な業務の遂行に資するため，金融商品取引業者における法令諸規則等の遵守状況を管理する業務を担う者（金商法施行令15条の４第１号に規定する者をいう）の機能が十分に発揮される態勢となっているか。例えば，内部管理部門の独立性を確保するとともに，営業部門に対する牽制機能を十分発揮するための権限を付与する等しているか。また，内部管理責任者等の機能の発揮状況について，内部監査部門により，その評価およびフォローアップが行われているか。

　上記の内容のとおりに行うという意味ではなく，上記の要素を取り入れた機能や体制が実践できているかどうかが重要となります。形が整っているという形式的な側面にとどまらず，実質的に機能しているかが問われます。実効性が伴ってこそ，態勢づくりの意味を成すという点を十分意識しなくてはなりません。こんなまどろっこしいことをしていたら業務成果など上げられないとお考えの方もいるでしょうが，金融商品取引業に限らず例えば宅地建物取引業にも同様な要素が必要と考えます。ついては，自社に合った無理のない実践方法を考えて，当たり前に行えることが重要となります。

　このような内部態勢が，常に維持され機能していることを確認するために，定期的な内部の点検を行いましょう。確認の時に使用できるチェックリストの例を次頁に掲載しましたのでご参照ください。

118　第7章　コンプライアンス態勢

〈コンプライアンス態勢のチェックリスト〉

実施日	年　　月　　日	実施者	
全般			
	□　コンプライアンスが経営の最重要課題の1つとして位置づけられている		
	□　実践に関して次（以下「方針等」と略）が策定されている		
	□　基本的な方針		
	□　具体的な実践計画（コンプライアンス・プログラム）		
	□　行動規範（倫理規程，コンプライアンス・マニュアル）		
	□　役職員に対して方針等の存在や内容について周知徹底が図られている		
	□　役職員が方針等を十分に理解している		
	□　日常の業務運営において方針等が実践されている		
実践計画や行動規範			
	□　定期的または必要に応じて随時に，評価やフォローアップが行われている		
	□　内容の見直しが行われている		
コンプライアンス関連の情報			
	□　営業部門，コンプライアンス担当部署（担当者），経営陣の間で，的確に連絡・報告される体制となっている		
コンプライアンスに関する研修・教育			
	□　体制が確立・充実している		
	□　役職員のコンプライアンス意識の醸成・向上に努めている		
	□　研修の評価やフォローアップが適宜行われている		
	□　内容の見直しを行うなど実効性の確保に努めている		
内部管理態勢			
	□　法令諸規則など遵守状況を管理する業務担当者の機能が，十分に発揮される態勢である		
	□　内部管理責任者などの機能の発揮状況について，その評価とフォローアップが行われている		
総評			

3　苦情やトラブルへの対処

　トラブルを未然に防止するという観点から　顧客への情報提供などの措置を十分に講じることに加え，万が一苦情などがあった場合には的確な対処が重要となることは，いうまでもありません。金融商品取引業者は，役職員に法令等に違反する行為があったことを知った場合には，監督官庁への速やかな届出（金商法50条1項8号，業府令199条7号，同200条6号）が義務づけられています。

　ここでいう「法令等」には，金融商品取引法をはじめとするあらゆる法令に加えて，自主規制団体である協会の規則なども含まれていますので，かなり幅広になっています。また，違反の程度については当事者の判断によると考えられますが，手続ミスや顧客からの苦言に至っていないものまで含めて，軽いと思われるものであってもその対象と考えて対処すべきです。金融商品取引法では，これらの事象を「事故等」と称しています。もしも，事故等が発生した際においても，届出の要否について自身で判断をしないで，まずは監督官庁へ報告や相談することをおすすめします。

　事故等があった場合の対応例としては，まず，コンプライアンス規程などに則り内部管理部門・内部監査部門へ迅速な報告，そして取締役会などへの報告を行います。次に，刑罰法令に抵触しているおそれのある事実については，警察など関係機関へ通報します。そして，事故の発生部署とは独立した内部監査部門などにおいて，事故等の調査・解明を実施するという手順になります。

　事故等の調査や解明においては，内部牽制機能が適切に発揮されているか，再発防止に向けた改善策の策定や自浄機能が十分であるか，責任の所在が明確化されているか，などの点に着目していくことがポイントとなります。

120　第7章　コンプライアンス態勢

〈事故等発生時の対応例〉

事故等発生

| 迅速報告 | ☞監督官庁への速やかな届出 |
| | ☞内部管理部門，内部監査部門 |

| 報告 | ☞取締役会など |

（刑罰法令に抵触しているおそれのある事案）

| 通報 | ☞警察等関係機関など |

| 調査，解明 | ☞内部監査部門など（発生部署とは独立した部署） |

　金融商品取引業においては，苦情処理・紛争解決を簡易・迅速に行うための枠組みとして金融ADR制度が導入されていて，金融商品取引業者は苦情処理措置および紛争解決措置を講じることが義務づけられています。金融ADR制度とは，訴訟に代わる，あっせん・調停・仲裁などの当事者の合意に基づく，金融に関する紛争解決の制度です。事案の性質や当事者の事情などに応じた，迅速で簡便で柔軟な紛争解決が期待されているものです。

　金融ADR制度の受け口としては，金融庁の認定消費者保護団体である特定非営利活動法人 証券・金融商品あっせん相談センター（FINMAC）や，弁護士会が運営している紛争解決センターなどになります。この内容を顧客に知らせるために，契約締結前書面において業務の委託先などの情報を説明することになります。

〈金融ADR制度のイメージ〉

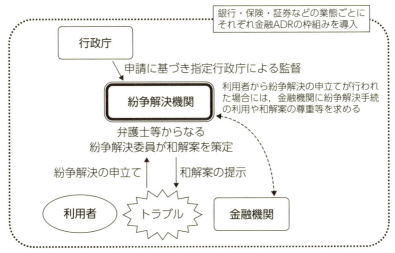

(出典) 金融庁ホームページ

　苦情やトラブルはいつ発生するかわからず，業者における手続ミスなどであれば，顧客からの苦情に至らずに解決することもあるでしょう。大切なことは，これらの事象が業務の最前線にいる担当者により対応や処理されたことが，社内ルールに基づいて関係部門や上層部へ，確実に報告されているかということです。起こったことが報告されることによって，事の重大性の確認や再発防止策などの検証ができ，自らの業務精度の向上に役立っていくものと考えます。

4　証券検査

　証券検査と聞くと不動産信託受益権を取り扱う業者は関係ないと思いがちですが，金融商品取引業者はすべて対象としていますので，監督官庁の検査があるかもしれません。自分のところでは実績がない，数件しか実績

がないといった状況も関係なく，検査の対象となっています。何も脅そうとしているわけではなく，現実を理解してもらおうとしているだけです。

　第二種金融商品取引業者が役所などから受ける監督には，主に次のものがあります。まず，役所が行うものは，証券取引等監視委員会または各財務局が行う検査（モニタリング），金融庁または各財務局が行う監督があります。また，金融庁が認定した自主規制機関である第二種金融商品取引業協会の会員である場合には，協会が行う監督と監査があります。それぞれの監督機関は，監督に関する情報について連携して対応しています。

　証券取引等監視委員会は会議体のような名称ですが全く違っていて，市場の公平性や透明性を保つために，市場分析や金融商品取引業者などの監視や検査を専門に行う，職員数が700名ほど在籍する機関です。そもそも第二種金融商品取引業者の監督権限は，金融庁長官が有しています（金商法194条の7第1項）が，その権限の一部を証券取引等監視委員会ならびに各地にある財務局長または財務支局長に委任することができる（同条2項～8項）ため，金融庁でない機関が登場してきています。

〈第二種金融商品取引業者の監督など〉

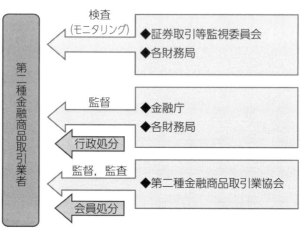

証券検査は，金融商品取引業者などの業務や財産の状況などの検査を行うもので，検査の結果として問題点が認められた場合には，その点を指摘され改善を求められます。万が一，重大な法令違反行為などが認められた場合には，検査機関は金融庁長官に対して行政処分を求める勧告を行い，勧告を受けた金融庁は内容に従い行政処分を実施します。

　検査の実施は，業者へ予告される場合と無予告の場合があります。業者の事務所に立ち入って行う臨店検査が予告なしで行われた場合には，業者の事務所へ数名の検査担当官が突然訪問して来て，数日間にわたり検査するのが通例です。業務が多忙である，責任者が不在である，検査する場所がないなどと主張しても，検査は実施されます。検査の実施を断固拒絶すると検査忌避となり，個人に対しては1年以下の懲役または300万円以下の罰金，法人には2億円以下の罰金が科されることになります。検査対象となる資料などを急に廃棄するなども検査忌避となります。

　証券取引等監視委員会のホームページには，「証券モニタリングに関する基本方針」が掲載されていて，実施する検査についての基本的な手続が詳細に示されています。臨店検査は，次頁の図のような流れで実施されます。

124　第7章　コンプライアンス態勢

〈臨店検査の流れ〉

＊網掛けの部分が業者事務所への立入り検査
＊例示であり，記載内容や順番の異なることがあります

検査予告または無予告

▼

業者を訪問

▼

検査命令書などの提示・説明

▼

検査着手

▼

経営層などとの意見交換

▼

資料の閲覧，ヒアリング

▼

質問票・整理表・モニタリング確認票による確認

▼

業者内関係者との意見交換

▼

検査報告書の取りまとめ

▼

講評

▼

【争う場合】意見具申制度

▼

検査終了通知の交付

▼

【勧告がある場合】行政処分，業者名公表

4　証券検査　125

　また，臨店当初に業者に求められる資料の標準的なものとして，業種ごとに例示したものが示されていますが，第二種金融商品取引業はないため，参考までに投資助言・代理業の内容を記しますのでご参照ください。

【一般資料】
・会社沿革
・会社案内
・組織図（各部門の業務内容・人員を含む）
・配席図
・役員の状況（名簿，管掌，兼職等）
・会社登記簿謄本
・定款・組織規程・業務分掌規程
・各種社内規程集
・経営計画（経営上の課題と対応状況を含む）
・コンプライアンス・マニュアル／業務マニュアル

【会議録資料】
・会議，委員会資料一覧
・社内稟議書
・取締役会資料・議事録
・役員会資料・議事録
・監査役会資料・議事録

【法定帳簿等】
・法定帳簿一覧表
・助言記録簿
・法定書面

・顧客台帳
・会員区分別顧客一覧
・日計表
・投資顧問料の長期未収明細
・大口顧客取引状況

【内部管理関係】
・クーリングオフ・契約解除の適用状況一覧
・事故関係
・訴訟関係
・過誤訂正処理関係
・事務処理ミス関係
・苦情処理関係
・内部監査関係
・外部監査関係
・役職員一覧
・退職者・出向者リスト

【財産経理関係】
・事業報告書
・決算状況表
・今期の概況
・税務申告書
・経理関係補助簿

● 検査への平素の備え

　検査への備えとしては，いつ来るかわからないことを前提にした準備を平素から行えていることがポイントとなります。検査官来社時の連絡網や受付者の対応や検査会場などを事前に考えておく，業務記録・法定書類・法定帳簿・関係資料などを常に最新のものを取り出せるようにしておく，社内の検査責任者を選定しておく，などの対応をしておくことがスタートです。業務に関係する役職員が，検査が来るかもしれないという認識を十分に持っておくことも重要です。

　検査時には個別の取引実績について調査されるので，担当者と責任者などとの見解が違うなどがないようにします。役職員の退職により取引実績の内容がわからない，ということでは済まず深い追及を受けます。退職などがあっても大丈夫なように，業務や交渉などの過程についての記録を普段からつくり，社内で情報共有しておくことが求められます。曖昧な回答を受けた検査官が，権限により取引先や委託先などにヒアリングすることもありますので，不用意な回答は避けなければなりません。

　特に経営層は，内部管理やリスク管理に対しての理解と認識を持って対応することが求められます。検査官は自社業務についての知識を持った方々と思いがちですが，不動産信託受益権取引や業界内のことなどについて全く知らないと考えて対応してください。自分が当たり前と思っていることを検査官が知らないことが多いと想定されますので，相対でのヒアリング時などのイライラは禁物です。

　証券取引等監視委員会は，毎年8月頃に「該当事務年度　証券モニタリング基本方針」を公表して，当該年度における金融商品取引業者等に対する証券モニタリングの主な検証事項などについて発表しています。

　加えて，自主規制団体である第二種金融商品取引業協会においても，会員に対して月1～2件程度の監査を実施しています。事前予告があり5日

間程度の臨店監査が中心で，不動産信託受益権取扱い会社も毎年対象として選ばれています。役所の臨店検査より協会の監査を受ける可能性のほうが，現在の状況では高いかもしれません。協会の監査での気づきがきっかけで，会員処分に加え最終的に行政処分に至ったケースもあります。

第7章の復習

Q1：三線防衛とは，どのような内容ですか。

A1：組織の部門に，①事業実施部門，②管理部門，③内部監査部門，の3つを設定して，それぞれに対してコンプライアンス管理における3つの役割（ディフェンスライン）を担わせることによって，内部統制を実行していきます。

Q2：経営管理が有効に機能するために必要なことは何がありますか。

A2：全役職員が重大な社会的責任を有することを認識し，自らに与えられた役割を十分理解したうえで，その業務運営に参画していくことが必要となります。

Q3：金融商品取引業者は，役職員に法令等に違反する行為があった場合に，監督官庁への速やかな届出が義務づけられていますが，法令等とはどのような範囲でしょうか。

A3：ここでいう法令等には，金融商品取引法をはじめとするあらゆる法令に加えて，自主規制団体の規則なども含まれていますので，かなり幅広になっています。

Q4：第二種金融商品取引業者が役所などから受ける監督は，どのようになっていますか。

A4：役所が行うものは，証券取引等監視委員会または各財務局が行う検査（モニタリング），金融庁または各財務局が行う監督があります。
　　また，金融庁が認定した自主規制機関である第二種金融商品取引業協会の会員である場合には，協会が行う監督と監査があります。

第8章
不動産証券化とは

　不動産信託受益権が投資対象として頻繁に使われるのが，不動産証券化です。現物不動産も使われていますが，多くは不動産信託受益権という状況です。不動産信託受益権ビジネスを行うに際しては，不動産証券化がどのようなものかについて理解しておくことも重要なことと考えます。

1　不動産証券化とは

　「不動産証券化」や，「不動産ファンド」いう言葉は聞いたことがある方でも，それがどういうものかは知らないことがあると思われます。まずは，「ファンド」とは何かということですが，簡単にいうと次のような要素がある仕組みになります。

---

　① 投資家から資金を集め
　② その資金で投資事業を行い
　③ 事業の収益を投資家に分配する

　この②の投資事業の対象が，オフィスビルや賃貸マンションなどの収益

を生み出す不動産であるものが，不動産ファンドとなります。ファンドには決められた定義はなく，辞書には基金や資金などと書かれており，また，上記の仕組みを持つ商品や組織を指すこともあります。

　ファンドの仕組みについてもう少し詳しくいうと，ファンドは投資家から資金を投資してもらい，さらに金融機関からローンを借り入れます。これらの資金を元手にして収益不動産を取得し，その不動産をテナントに賃貸することによって賃料などの収益を得ます。その収益を投資家に分配し，最終的に取得した収益不動産を処分して得た売却代金から投資家や金融機関へ償還して，残余金があれば投資家へ分配します。

　つまり，不動産ファンドは，収益不動産の賃料収入を裏づけとして投資家から資金調達する金融の仕組みです。この資金調達の進め方として，有価証券を発行して投資家に購入してもらう方法と，金融機関から借入れをする方法がありますが，どちらの方法も含めて不動産証券化と呼ばれています。

　この仕組みは，不動産市場と金融市場の仕組みが合わさることにより実現するため，不動産と金融の融合といわれています。

〈不動産証券化の仕組み〉

| 不動産市場 | 売却 → / ← 代金 | ファンド | 融資・返済 ↔ / 投資・配当 ↔ | 金融資本市場　金融機関　投資家 |

投資対象となる不動産の種別としては，オフィスビルが多少多めとなっ

ていますが，賃貸マンションなどの住宅，ショッピングセンターを含む商業施設，荷物の保管機能に加えて仕分けなども行える物流施設，ホテルといったものも，それなりに対象とされています。また，最近では老人ホームや病院施設などのヘルスケア施設も加わってきています。

投資対象として取得された物件のエリアを見てみますと，従来から東京都が多くなっていてここ数年は4割程を占めています[1]。ただ，東京都以外の6割ほどのエリアは，北から南まで幅広くいろいろな道府県にわたっている状況です。東京都に所在する不動産はどうしても価格が高めの傾向にあり，取得時の価格が高くてもその分の賃料収入が増えればいいのですが，単純にはそうはいかず，投資効率を悪化させてしまうことになりがちです。その結果として，所得価格が安めの割には賃料収入がそこそこ見込める，東京都以外の全国のいろいろな場所に所在する不動産が対象となっていると考えられます。

2　証券化のメリット

不動産の証券化は，すでに欧米をはじめ様々な国々で行われていますが，わが国でも大きな市場を形成するに至っています。それは，証券化することによる様々なメリットがあるからこそといえます。不動産証券化に関係するそれぞれのプレーヤーに，どのようなメリットがあるかを見てみます。

1　国土交通省「不動産証券化の実態調査」2017年～2023年　取得実績

132　第8章　不動産証券化とは

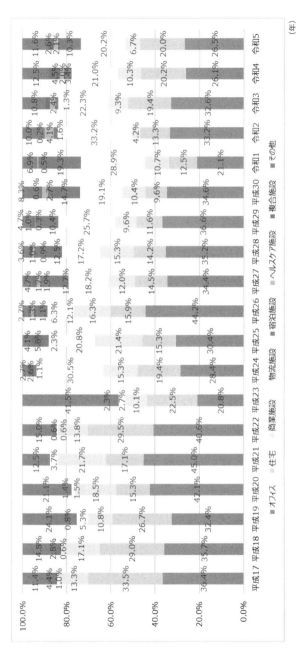

〈用途別 証券化の対象不動産の取得実績推移（資産額の割合）〉

注1：「その他」に含まれるものは以下のとおり。
・平成23年度以前は、オフィス、住宅、商業施設、倉庫、ホテル・旅館以外の用途のもの
・平成24～25年度は、オフィス、住宅、商業施設、倉庫、ホテル・旅館、複合施設以外の用途のもの
・平成26年度以降は、オフィス、住宅、商業施設、倉庫、ホテル・旅館、ヘルスケア、複合施設以外の用途のもの（駐車場、研修所等）

注2：用途が複数ある場合は、全体床面積の80％程度以上を占めるーの用途にはその用途を、それ以外の場合には「複合施設」としている。

（出典）国土交通省「不動産証券化の実態調査」（2023年度）

〈不動産証券化のメリット〉

投資家	・不動産に対する投資手法の多様化 ＝投資機会の拡大
不動産保有者 （オリジネーター）	・オフバランス化
不動産会社	・アンバンドリング（役割分担）により新しい事業機会が増える ＝不動産の管理・運営　→手数料ビジネス市場の拡大
金融機関	・ノンリコースローンの貸し手 ・アレンジャー業務の受注

　投資家にとっては，現物不動産に投資するという手法がありますが，証券化商品が加わることによって，投資の機会が拡大することになります。加えて，証券化商品は小口化することもできるため，1件ごとの投資金額が小さくなる分，現物不動産に比べると分散して投資することができて，リスクの分散を図ることが可能となります。

　投資家から集めた資金を不動産に投資し，その賃料収入などから得られた利益を投資家に分配するJ-REIT（ジェイ・リート）という投資信託があります。上場株式と同じように公開市場で売買され，運用についてもプロが行いますので，一般の投資家にとっても参加しやすいといえます。

　証券化の対象となる収益不動産を保有していた会社にとっては，オフバランスという効果があります。オフバランスとは，資産について時価で計上・処理・開示することが求められるようになった現況下において，リスクのある資産を減らして，より少ない資産でより多くの利益を生むために，資産を貸借対照表（バランスシート）から外すことです。保有不動産は価格変動価値の下落などのリスクがあり，企業はできるだけ資産を持たない

経営を目指しているといえます。

　不動産会社にとっては，不動産証券化に関する業務が細分化され，様々な専門家に役割を分担して行う（アンバンドリングという）ため，新しい事業機会が提供されることになります。不動産の管理や運営など手数料や報酬を受け取れるビジネスが拡大されることは，不動産業界にとって大きなメリットといえます。

　金融機関にとっては，不動産証券化事業に欠かせない資金であるノンリコースローンの貸し手としての業務チャンスがあります。ノンリコースローンは，担保設定している不動産のみを返済原資として，投資家に返済責任を訴求しない融資です。また，証券化を進めるために投資家や金融機関などとの調整を担う，アレンジャーという立場の業務機会もあります。

3　成り立ち

　わが国の地価は1960年代から長期にわたって上昇が続き，1990年前後のバブル期においては，名目GDPと地価上昇率とが大きく乖離するまでの異常な状況が起こっていました。しかし，バブル経済崩壊とともに1991年をピークに大幅な下落局面を迎え，その後GDPと同水準まで下がるに至りました。

　不動産への投資の考え方としても，保有していれば価値が上昇し利益を得ることができるという，キャピタルゲインに重点を置いていた従来の考え方から，賃料収入など運用することによって得られる利益である，インカムゲインを重視するように変わってきました。地価の上昇局面が，土地の投資リスクを覆い隠してきていたのですが，バブル崩壊が不動産に対する見方を変えたのです。

　1980年代には，オフィスビルなどを1口1億円程度に小口化した不動産

3 成り立ち　135

小口商品が多く販売されてきましたが，バブル崩壊後に投資家が甚大な損失を出すケースが増加しました。価格の下落に加えて業者の倒産など商品の脆弱性もあり，投資家保護に向けた市場整備のため，「不動産特定共同事業法」（不特法）が1995年に施行されました。不動産特定事業を運営する業者は許可制となり，一定の人的構成や資本金額の要件などが設けられることにより，商品の安全性が高められました。

　バブル崩壊後，不良債権処理が進まず，金融機関の破綻も起こり，不良債権を何とか流動化させる必要性が高まりました。1998年に施行された「特定目的会社による特定資産の流動化に関する法律」[2]（資産流動化法）は，証券化という仕組みを使い資産の流動化が適正に行われることや，投資家保護を図るためにつくられました。金融機関の不良債権の担保不動産が処分・流動化のために使われるとともに，事業会社が保有資産売却のためにも活用されました。

　米国では，1960年からREITという，多数の投資家から集めた資金を不動産へ投資して，運用益を投資家へ配分する投資信託の仕組みがありました。わが国でも同様の仕組みの導入を目指して，「投資信託及び投資法人に関する法律」（投信法）が2000年に改正され，2001年9月に，J-REIT（Japan Real Estate Investment Trust）が証券取引所に上場されました。これにより，規模の大きな収益不動産に対しての投資ニーズに関して，高額の資金でなくても，一般の投資家が多数参加できるようになりました。

　その後，わが国経済の回復がなされ，また法令改正などの見直しを経て，不動産証券化を活用した資産運用のニーズの高まりともに，市場が発展していきました。そして，従来の証券取引法を大幅に見直した「金融商品取引法」の主要な部分が，2007年9月に施行されました。金融商品取引法で

2　2000年に「資産の流動化に関する法律」へ法令名改正。

136　第8章　不動産証券化とは

は，不動産証券化商品が金融商品に含まれることになり，投資家保護に向けて一定の規制をかけることによって，市場の一層の発展を目指した内容となっています。

　その後，米国のサブプライムローン問題に端を発した世界的な金融危機などがありましたが，わが国の不動産証券化市場は安定しながら拡大してきています。

〈法制度などの創設〉

1995年　・・「不動産特定共同事業法」（不特法）
（平成7）　　☞ 小口化商品を規制

1998年　・・「特定目的会社による特定資産の流動化に関する法律」
（平成10）　　（資産流動化法）
　　　　　　☞ 不良債権処理を促進

2000年　・・「投資信託及び投資法人に関する法律」（投信法）
（平成12）　　☞ 2001年にJ-REIT上場

不動産証券化市場の発展

2007年　・・「金融商品取引法」（金商法）
（平成19）　　☞ 不動産証券化の新たな規制

4　マーケットの状況

　不動産証券化の市場規模がどのようになっているかですが，公開された市場で誰でも投資家として参加できる公募タイプと，一定の投資家しか参加できない私募タイプに大別されます。公募タイプはJ-REITがあり，私募タイプは私募ファンドと私募リートなどが該当し，公募タイプはデータが公開されていますが，後者は非公開のため各種のデータは完全ではあり

ません。

　J-REITは，東京証券取引所に上場している不動産投資信託です。2001年のスタート時には，２銘柄で資産総額3,580億円でしたが，今では58銘柄で約23兆円（2024年６月現在）に至っています。

　私募ファンドは，生命保険会社，信託銀行，投資信託といった資産運用のプロである機関投資家の特定または少数から資金を募る形態のものです。運用資産総額は2015年には約14兆円でしたがその後も伸び続けていて，2024年６月末には運用資産総額が約32兆円となっています。

　私募リートは，J-REIT同様に投資法人の仕組みを使って，上場しないで機関投資家や事業会社などプロ投資家からの出資金で不動産の運用を行うファンドです。2010年に最初の商品の運用が開始されましたが，現在は投資法人数58で取得価格の合計である資産総額は約6.5兆円（2024年６月現在）と，ここ最近成長をしてきています。

　現在の不動産証券化市場の規模を，J-REIT・私募ファンド・私募リートを合計して見てみると，運用資産額で61兆円台までに至っています。ここ10年についてグラフで見てみますと，次のような推移をたどってきています。

138　第8章　不動産証券化とは

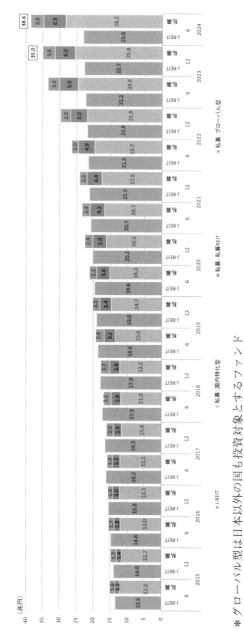

〈J-REITと私募ファンドの市場規模推移〉

＊グローバル型は日本以外の国も投資対象とするファンド
（グラフには国内運用資産額を表示）

(出典) 不動産証券化協会「私募リート・クォータリー」、三井住友トラスト基礎研究所

第8章の復習

Q1：ファンドとはどのようなものですか？ また，不動産ファンドとはどのようなものですか？

A1：ファンドには決められた定義はなく，簡単にいうと次のような要素がある仕組みになります。

① 投資家から資金を集め
② その資金で投資事業を行い
③ 事業の収益を投資家に分配する

②の投資事業の対象が，オフィスビルや賃貸マンションなどの収益を生み出す不動産であるものが，不動産ファンドとなります。

Q2：不動産証券化に関係するプレーヤーのメリットには，何がありますか？

A2：投資家にとっては，証券化商品が加わることによって投資の機会が拡大することになります。また，証券化商品は小口化することもできるため，リスクの分散を図ることが可能となります。

証券化の対象となる収益不動産を保有していた会社にとっては，オフバランスという効果があります。

不動産会社にとっては，不動産証券化に関する業務が細分化され，様々な専門家に役割を分担して行うため，新しい事業機会が提供されることになります。

金融機関にとっては，ノンリコースローンの貸し手としての業務チャンスがあり，また，アレンジャーという立場の業務機会もあります。

140 第8章 不動産証券化とは

Q3：1990年代のバブル経済崩壊とともに不動産投資の考え方が変化しましたが，どのように変わりましたか？

A3：保有していれば価値が上昇し利益を得ることができるという，キャピタルゲインに重点を置いていた従来の考え方から，賃料収入など，運用することによって得られる利益である，インカムゲインを重視するように変わりました。

第9章
不動産証券化の仕組み

　不動産証券化においては，法令や税制に基づいた仕組みを使うことによって，投資の目的を果たすことができます。不動産証券化で主に活用されている4つのスキームを中心に解説します。スキームの理解には少々難しさが伴うかもしれませんが，理解を深めていただきたいと考えています。

1　基本的な構造

　不動産証券化の仕組みを理解するためには，多少の難解さが付きまといます。それは，今まであまり目にすることのなかった，スキームと呼ばれる枠組みを読み込んで理解していかなければならないからです。証券化という目的を効果的に果たすために，この後説明するいくつかのスキームがありますが，少しずつ異なっています。まずは，すべてに共通する基本的部分に絞って構造を説明します。

〈不動産ファンドの基本的構造〉

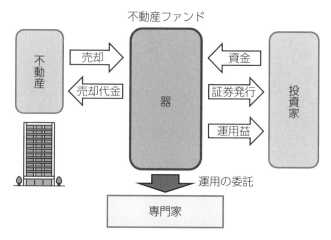

　上記図の順に説明すると，不動産証券化を行うための会社のような器である，不動産ファンドがあります。器は，投資家の資金を受け入れ，その資金を用いて取得した不動産を保有することになります。

　投資家はこの器に資金を投資して，器から証券の発行を受けます。器は，投資家から得た資金で収益不動産を購入し，収益不動産の運営について専門家へ委託します。そして，収益不動産を運用することによって生じた利益を器が得て，器が投資家へ分配します。ちなみに，この構造は不動産を投資対象とする証券化に限らず，投資対象が異なっても同じようなつくりになっています。

　不動産ファンドである器が登場しましたが，これは証券化の要となるものです。しかしながら，特別な目的のためだけに設立したものであり，社員が常駐していないなど通常の会社のように目では確認できないものになります。この器に定まった呼称はなく，次のように称されています。

```
ビークル（Vehicle）
SPV（Special Purpose Vehicle）
SPE（Special Purpose Entity）
SPC（Special Purpose Company）
```

　この器ですが，証券化を行うために必ず持っていなければならない要件がありますので次で説明します。

2　器に求められる要件

　器には，証券化を成り立たせるために2つの要件が不可欠となります。その1つ目が，二重課税の回避です。器である不動産ファンドが得る所得に対して法人税が課せられ，加えて，運用益の配分を受ける投資家の所得に対しても，所得税または法人税が課せられることになると，所得に対して2回課税されることになってしまいます。そもそも課税の原因は収益不動産の運用ひとつなのに，二重に課税されることにより投資家の収益が減れば，証券化の仕組みを使うより直接投資不動産に投資したほうが，効率的に収益を得られることになります。

　これを避けるためには，器に法人税が実質的に課税されないようにしなくてはなりませんが，パススルーとペイスルーという2つの方法があります。パススルーというのは，不動産を保有する主体として，任意組合や匿名組合といった課税されない器を活用する方法です。課税されない器は，自らの課税所得を計算するに際して，投資家への分配金につき費用として損金算入できることが定められています。

　一方，ペイスルーは，一定の配当や配分の要件を満たすことによって，投資家への分配金を費用として損金算入できる器を活用する方法です。こ

の一定の要件の1つが，投資家に対する配当額が配当可能利益の90％超でなくてはならないという，「90％超ルール」と呼ばれるもので，利益のほとんどを投資家に対して配当することになります。ペイスルーの器としては，特定目的会社や投資法人が該当します。

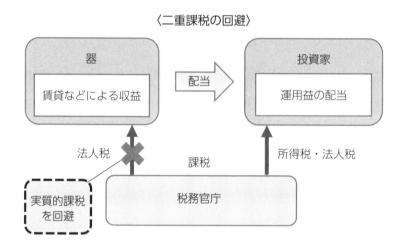

　器が具備しなくてはならない2つ目の要件は，倒産隔離です。倒産隔離とは，投資家の収益を守るため，不動産を譲渡した者（原資産保有者）や関係者や器自体における倒産などによるリスクが，器に及ばないように様々な対応策をとっておくことをいいます。

　対策としては，まず投資対象となる不動産を譲渡した者（原資産保有者）の倒産の影響から，法的に分離することです。器が不動産を取得した際の売買契約について，譲渡担保などと主張されることのないように，当事者の売買意思の確認，引渡しや登記の確実な実施，売買価格の適正性など，譲渡が法的に有効と認められる真正売買であることが必要となります。

　また，器自体を倒産しにくくする対策を講じます。器が行える事業を不

動産証券化に限定するよう定款で定めることによって、投資家が予期しない事業を行わないようにすることがあります。器の役員についても、利害関係のない第三者が就任したり、倒産手続に着手しないように、倒産不申立の誓約書をあらかじめ取得するなどを講じることが考えられます。このように、器が行う本来の事業以外の要因による倒産リスクが、最小限になるようにしておくことが必要となります。

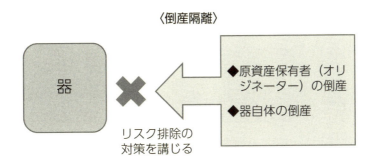

3　4つのスキーム

　証券化を行う際に使われる枠組みや関係者間の関係を示したものを、スキームと称します。不動産証券化においては主に4つのスキームが活用されていますので、順に説明します。

(1) GK-TKスキーム

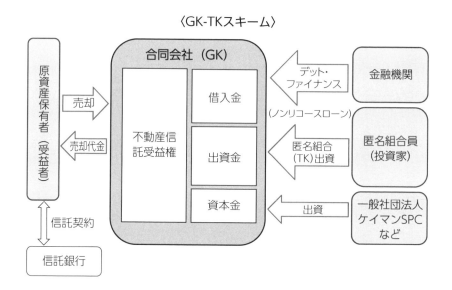

〈GK-TKスキーム〉

　会社法で定める合同会社と商法上の匿名組合を，組み合わせて活用します。合同会社（Goudou Kaisya）を「GK」，匿名組合を「TK」（Tokumei Kumiai）とそれぞれのローマ字の頭文字をとって呼ぶために，このような呼称になっています。

　器には主に合同会社が使われますが，株式会社を使用しても別段問題はありません。ただし，合同会社は，設立費用が安い，迅速な意思決定が可能，株主総会や決算公告が不要など経営上の事務負担が少ない，といったメリットがあります。これら使い勝手の良さから，GK-TKスキームの器として合同会社が多く使われています。

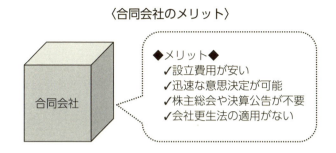

　投資家からの資金は，匿名組合を組成して出資してもらいます。匿名組合は，出資者が組合員となり事業者に資金を提供するという形態の組合であり，匿名組合契約によってその営業から利益が生じれば分配を受けることが約されます。投資家である匿名組合員の出資は器の財産となり，営業を行うのも器である営業者になります。ただし，器は形式的には存在するものの実体のないものであるため，営業活動である実質的な資産の運営管理業務をアセットマネージャー会社などへ委託します。

　また，匿名組合員は利益の分配は受けますが，営業には関われないことになっています。つまり，投資家は資金を出すが投資活動に対して口出しはしないということになり，営業者である器にとっては投資活動に自由度が得られるといえます。

　器が得た利益を匿名組合員へ分配する場合，匿名組合である器への法人税の賦課がされないことになっているため，二重課税を回避することができます。器の資金としては，投資家からの資金に金融機関などからの借入金を加えて，対象資産としての不動産を購入するのですが，所有権ではなく信託受益権を取得する点に特徴があります。現物不動産の所有権を取得すると，器が不動産特定共同事業法で定める不動産特定共同事業者に該当してしまうからです。不動産特定事業者の要件としては，宅地建物取引業者免許の保有，事務所ごとの業務管理者の設置，業務執行に的確な財務的

基礎と人的構成などがあり，合同会社では要件の具備が困難です。

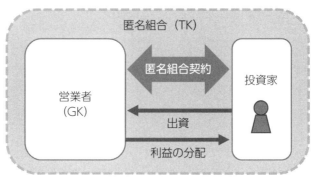

(2) TMKスキーム

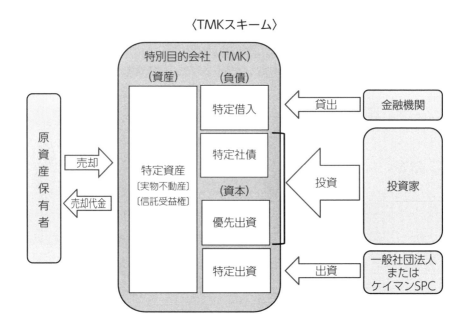

TMKは，特定目的会社（Tokutei Mokuteki Kaisya）のローマ字の頭文字をとった呼称で，TMKスキームは，資産の流動化に関する法律（資産流動化法）に基づいた不動産証券化の枠組みです。

器としては，主に特定目的会社（TMK）を使いますが，資産の証券化を目的としたものであり，一般の株式会社に比べて組織上の簡略化が図られていて，資産の運営管理業務などはアセットマネージャー会社などの外部へ委託することになっています。TMKは，業務開始届出を内閣総理大臣に行うことにより業務を開始することができます。この届出の時に，計画期間，発行する証券の種類，資産内容や取得時期，資産管理や処分の方法など，基本的事項を定めた資産流動化計画を提出しなくてはならず，業務の遂行もその内容に沿って行うということになります。

投資対象としては，現物不動産と不動産信託受益権を含む財産権一般とされていて，資金の調達でも特定目的借入れや特定社債・転換社債の発行など，いろいろな方法が使えるようになっています。TMKスキームでは，一定の配当や配分の要件を満たすことによって，実質的に法人税の賦課がないようになっており二重課税の回避が図られます。また，TMKが不動産を取得する場合に，一定要件を満たしたものは登録免許税と不動産取得税の軽減措置が受けられます。

(3) REITスキーム

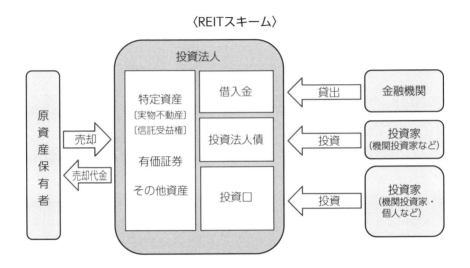

〈REITスキーム〉

　REITスキームは，投資信託及び投資法人に関する法律（投信法）に基づいた不動産証券化の枠組みです。器としては投資法人が使われ，投資対象として現物不動産と不動産信託受益権の双方が可能となっています。
　投資法人が株式会社の株式に該当する投資口（とうしぐち）を発行して資金調達しますが，東京証券取引所に上場することが可能となっています。上場させて資金調達するREITをJ-REITと呼び，上場させないものを私募REITと呼んでいます。投資口とは，均等の割合的単位に細分化された投資法人の社員の地位と投信法において定められており，有価証券に該当します。資金の調達としては，投資口のほかにも投資法人債の発行や借入れができます。
　投資法人の設立に関しては内閣総理大臣の登録が必要となり，委託を受けて運用管理業務を行う資産運用会社についても，金融商品取引法の投資運用業の登録に加え宅地建物取引業法の宅建免許の取得など，ハードルの

高い手続や業務遂行が求められます。加えて，上場する場合には，情報開示などを含む証券取引所の上場基準をクリアする必要があります。

REITスキームでは，TMKスキームと同様に一定の配当や配分の要件を満たすことによって，実質的には法人税の賦課がないようになっていて，二重課税の回避が図られます。また，投資法人が不動産を取得する場合に，一定要件を満たしたものは登録免許税と不動産取得税の軽減措置が受けられます。

(4) 不動産特定共同事業スキーム

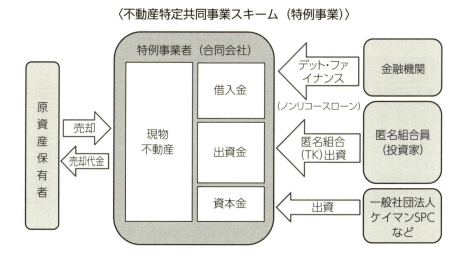

〈不動産特定共同事業スキーム（特例事業）〉

不動産特定共同事業法は2013年に改正され，従前からの枠組みに新しい枠組みが加わり2つになりました。それが，不動産特定共同事業スキームです。

従来からの枠組みは，不動産特定共同事業の許可を受けた事業者（器）が事業主体となって，投資家からの出資を受けて不動産投資事業を行い，

152　第9章　不動産証券化の仕組み

その収益を投資家に分配するというものです。つまり，デベロッパーなどの事業者が事業の一環として行うものであり，倒産隔離が図られていませんので，事業者が当該以外の事業で失敗した場合に，投資家が損失を被るリスクがありました。

　改正後に加わった枠組みは，事業者の倒産から隔離を図れるようにするため，事業者とは分離して別の器である特別目的会社（SPC）を特例事業者として届出をして，事業を行うようにしました。そして，業務の運営管理は，国土交通大臣または都道府県知事の許可を受けた不動産特定共同事業者に委託して行います。この改正後の枠組みを，「特例事業」と呼びます。

　前述(1)のGK-TKスキームとほぼ同じ枠組みを使うことになりますが，投資対象資産となる不動産は現物不動産でも可能という点が，GK-TKスキームと最も異なっている点になります。

4　スキームのまとめ

　前節の4つのスキームはそれぞれの使い勝手などに特徴があり，投資運用する内容や目的などによって，どのスキームを利用するかを選択することになります。プロの投資家だけを対象にした私募ファンドなどにおいては，GK-TKスキームが最も普及しています。一方，不動産特定共同事業スキームの利用は，他スキームに比べて少なめとなっています。

　すでにある制度を組み合わせて利用したGK-TKスキームは，すでにある制度を使うため運用前の届出などの煩わしさがないうえに，柔軟性があり活用しやすいのですが，法的な安定性では少々劣っています。TMKスキームは法律に基づいたものであり，法的な安定性が高い一方，資産流動化計画の作成などの負担がかかってきます。REITスキームは，上場に

よって多くの投資家から多額の資金を集めることができますが，情報開示などを含めて最も規制の厳しい対応が求められています。不動産特定共同事業法の特例事業スキームは，受託者である信託銀行などの基準により，信託受益権化が難しい不動産であっても，現物不動産のまま投資対象として取り扱うことができます。

　それぞれのスキームについて，主な特徴を表にまとめてみましたのでご参照ください。

〈4スキームのまとめ〉

スキーム名	GK-TK	TMK	REIT	不動産特定共同事業（特例事業）
根拠法	会社法，商法	資産の流動化に関する法律	投資信託及び投資法人に関する法律	不動産特定共同事業法
運用前の規制	なし	内閣総理大臣に届出	法人設立に内閣総理大臣の届出，運用開始に同登録	国土交通大臣などの登録
器	主に合同会社	特定目的会社	投資法人	主に合同会社
主な資産	不動産信託受益権	現物不動産　不動産信託受益権	現物不動産　不動産信託受益権	現物不動産
倒産隔離	一般社団法人・海外SPCの利用	特定持分信託・一般社団法人・海外SPCの利用	制度上の安定性が保たれているため，ない	一般社団法人・海外SPCの利用

二重課税の回避		匿名組合活用により対応（パススルー）	一定要件の充足で配当金・分配金を損金算入（ペイスルー）	一定要件の充足で配当金・分配金を損金算入（ペイスルー）	匿名組合活用により対応（パススルー）
資金調達	エクイティ	匿名組合出資	優先出資証券の発行	投資証券の発行	匿名組合出資
	デット	ノンリコースローン	特定目的借入れ，特定社債の発行など	借入れ，投資法人債の発行など	ノンリコースローン

　上記表に記載のある資金調達については，次の**5**で説明します。

5　資金の調達

　不動産証券化の器は，資金の調達をデットとエクイティを主にして行います。デットは負債に当たる部分で，金融機関からの借入れや債券発行などにより調達されたものになります。エクイティは資本に当たる部分で，匿名組合出資や優先出資証券などを通じて投資家から資金が払い込まれたものになります。デットは，利息の支払や元本の償還においてエクイティに優先し，エクイティはハイリスクですが，証券化による収益が高まれば分配される利益も多くなることになります。

　それぞれのデットは，リスクレベルや利回りなどの条件が異なりますので，デットのなかにおいても優先順位を付けて区分することにします。証券化において，リスクや条件の異なる証券を設定して，その内容で区分することをトランチング（tranching）と呼び，区分されたそれぞれの部分をトランシェ（tranche）と呼びます。

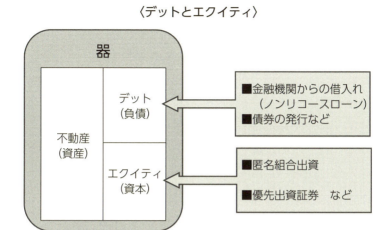

〈デットとエクイティ〉

　デットの借入金のなかで，優先度が高いものは通常の借入れであるシニアローンで，劣後するものをメザニンローンと呼びます。メザニンは建物の中二階という意味で，金利は高いけどエクイティより残余財産分配権が優先されるという性格のローンになります。

　不動産証券化のローンで多用されるのが，ノンリコースローンです。これは，返済に対する責任範囲を限定する融資方式のことで，融資を行う金融機関が求償できるのは，担保物件から発生する賃貸収益や売却代金に限定され，債務者以外の事業主体に返済の要求が及ぶことのないローンです。通常の企業向け貸出しであるコーポレートローンに比べて回収不能リスクが高まるために，貸付金利が高くなります。

● レバレッジ

　金融機関から借入れをする目的の1つが，レバレッジになります。レバレッジとはテコの原理の意味で，投資額のリターンを上げるために，借入金の比率を高める方法をいいます。レバレッジを使うことにより，投資利

回りを高めることができますが，同時に借入金を返済しなくてはならないというリスクが伴うことになる分，ハイリスク・ハイリターンになります。

〈レバレッジの比較例〉

投資資金　　30億円
投資先　　　Ａビル30億円／Ｂビル60億円
物件利回り　両ビルともに5％

Ａビル　　　　　　　　　　　Ｂビル

【ケース1】
投資資金　　30億円
（内訳）　　資金　　30億円
　　　　　　借入金　なし

投資先　　　Ａビル
年間収益　　収入：30億円×5％＝<u>1.5億円</u>
投資利回り　<u>5％</u>

【ケース2】
投資資金　　60億円
（内訳）　　資金　　30億円
　　　　　　借入金　30億円
　　　　　　（金利3％）

投資先　　　Ｂビル
年間収益　　①収入：60億円×5％＝3.0億円
　　　　　　②利息：30億円×3％＝0.9億円
　　　　　　①－②＝<u>2.1億円</u>
投資利回り　<u>7％</u>

　レバレッジの比較例は，なるべく単純に比較できるようにするため細かな条件は省き，わかりやすい数値を使用しています。ご覧いただくと，ケース1は借入金なし，つまりレバレッジなしの例で，ケース2はレバレッジを効かせるため30億円の借入れをしています。資金は双方とも30億円として，年間収益を双方とも5％として計算しています。

　比較した結果として，1年間の投資利回りはケース1が5％，ケース2が7％となり，レバレッジを利用したほうが投資利回りが高くなることがわかります。

6 アンバンドリング

　不動産証券化は内容が複雑なこともあり，事業の推進にあたり機能を細分化するとともに，そこで従事するプレーヤーに高度な専門性が求められます。機能をバラバラに分解することを，アンバンドリングといいます。

　これまでの不動産の賃貸事業においては1つの事業者に集中して，関連する業務を含めて推進していく傾向にあったのですが，不動産証券化の推進では様々なプレーヤーが役割を担うことになります。アンバンドリングされたそれぞれの機能を受け持つ専門性の高いプレーヤーが，最大限のパフォーマンスを発揮することによってより良い成果を得られことを目的としています。

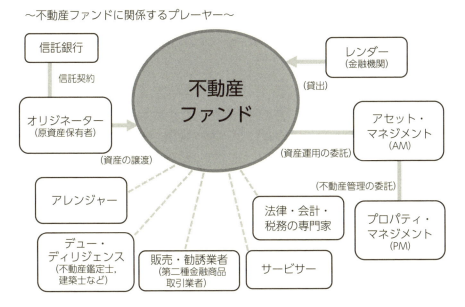

〈アンバンドリング〉
～不動産ファンドに関係するプレーヤー～

158　第9章　不動産証券化の仕組み

　証券化する不動産の原資産保有者であるオリジネーター，不動産信託受益権の受託者である信託銀行，ノンリコースローンなどの融資を実行するレンダー（金融機関），不動産証券化のストラクチャー全体を関係者と協議しながら構築するアレンジャー，投資不動産の購入・運用・売却までの戦略を立てて実行する業務を行うアセット・マネジメント会社，投資不動産のテナント管理や建物管理業務を行うプロパティ・マネジメント会社，投資対象となる不動産を詳細に調査して投資価値やリスクの評価を行うデュー・ディリジェンス会社，投資不動産の販売や勧誘をする第二種金融商品取引業者，弁護士・会計士・税理士といった法律や会計や税務の専門家，債券管理や回収を代行するサービサーなど，多くが登場します。

　登場するプレーヤーが多くて少々わかりにくいですが，メインプレーヤーはアセット・マネジメント会社になります。ファンド自体（器）の平素の運営は，アセット・マネジメント会社が投資不動産の運用などを担い，その不動産の日常管理をプロパティ・マネジメント会社が担い，経理・決算・税務申告など会社として必要な業務を会計事務所などに委託します。投資対象の不動産の売買などについては，基本的にアセット・マネジメント会社が判断します。

6　アンバンドリング　159

〈登場するプレーヤー〉

オリジネーター	証券化する不動産の原資産保有者
信託銀行	不動産信託受益権の受託者，アレンジャー機能やレンダー機能など不動産証券化関連の多くの業務を受託する
レンダー	ノンリコースローンなどの融資を実行する金融機関，銀行・ノンバンクなどがある
アレンジャー	不動産証券化のストラクチャー全体を関係者と協議しながら構築する
アセット・マネジメント会社	投資不動産の購入・運用・売却までの戦略を立てて実行する業務を行う
プロパティ・マネジメント会社	投資不動産のテナント管理（誘致，賃貸借管理）や建物管理（メンテナンス）業務を行う
デュー・ディリジェンス会社	投資対象となる不動産の物的・法的・経済的などについて詳細に調査して投資価値やリスクの評価を行う
第二種金融商品取引業者	投資不動産の取得や売却に際して販売や勧誘業務を行う
法律・会計・税務の専門家	弁護士・会計士・税理士といった専門家がそれぞれの専門分野である法律・会計・税務関係業務を行う
サービサー	債権者である投資家やレンダーに代わって債権の管理や回収を行う

第9章の復習

Q1: 器に求められる証券化を成り立たせるための要件は，何がありますか？

A1: 二重課税の回避と倒産隔離の2つの要件が不可欠となります。

二重課税の回避とは，器である不動産ファンドが得る所得に対して法人税が課せられ，運用益の配分を受ける投資家の所得に対しても所得税または法人税が課せられることになると，所得に対して二度税がかかってくることになるためこれを回避することです。

倒産隔離とは，投資家の収益を守るため，不動産を譲渡した者や関係者や器自体における倒産などによるリスクが，器に及ばないように様々な対応策をとっておくことです。

Q2: スキームで最も普及しているGK-TKは，どのような仕組みですか？

A2: 会社法で定める合同会社と商法上の匿名組合を，組み合わせて活用します。

器には主に合同会社が使われるのですが，合同会社は，設立費用が安い，迅速な意思決定が可能，株主総会や決算公告が不要など経営上の事務負担が少ない，といったメリットがあります。

投資家からの資金は，匿名組合を組成して出資してもらいます。匿名組合は，出資者が組合員となり事業者に資金を提供するという形態の組合であり，匿名組合契約によってその営業から利益が生じれば分配を受けることが約されます。

Q3: 不動産証券化の資金調達におけるレバレッジとは，どのような内容ですか？

6 アンバンドリング 161

A3：レバレッジとはテコの原理の意味で，投資額のリターンを上げるために，借入金の比率を高める方法をいいます。

索　引

英字

ADR制度 …………………………… 105
FATF …………………………………… 63
FINMAC ……………………………… 120
GK-TKスキーム …………………… 146
J-REIT ……………………………… 133
REITスキーム ……………………… 150
SPC …………………………………… 143
SPE …………………………………… 143
SPV …………………………………… 143
TMKスキーム ……………………… 148

あ行

アセット・マネジメント会社 ……… 158
アマ成り ……………………………… 30
アレンジャー ………………………… 158
アンバンドリング …………………… 157
委託契約 ……………………………… 16
委託者 ………………………………… 4
一般投資家 …………………………… 29
疑わしい取引の届出 ………………… 60
エクイティ …………………………… 154
オプトアウト ………………………… 30
オプトイン …………………………… 30
オリジネーター …………………… 4, 158

か行

確認記録 ……………………………… 60
家族信託 ……………………………… 19
勧誘方針 ……………………………… 52
業務方法書 …………………………… 114
金融ADR制度 ……………………… 120
金融サービスの提供及び利用環境の整備等に
　関する法律 ………………………… 52

金融商品取引業者 …………………… 25
金融商品取引業者等向けの総合的な監督指針
　……………………………………… 25
金融商品取引法 ……………………… 23
金融庁 ………………………………… 17
契約締結時交付書面 ………………… 43
広告規制 ……………………………… 44
広告審査 ……………………………… 45
広告類似行為 ………………………… 45
合同会社 ……………………………… 146
顧客カード …………………………… 37
顧客勘定元帳 ………………………… 47
顧客本位の業務運営に関する原則 … 55
告知書 ………………………………… 32
個人情報の保護に関する法律 ……… 66
個人データ …………………………… 66

さ行

サービサー …………………………… 158
最善利益義務 ………………………… 53
三線防衛 ……………………………… 115
事業報告書 …………………………… 107
自己私募 ……………………………… 15
資産の流動化に関する法律 ………… 135
質権 …………………………………… 78
シニアローン ………………………… 155
私募 …………………………………… 15
私募取扱い等取引記録 ……………… 47
私募の取扱い ………………………… 16
私募の取扱い委託契約 ……………… 74
私募ファンド ………………………… 136
私募リート …………………………… 136
受益者 ………………………………… 4
受託者 ………………………………… 4
証券・金融商品あっせん相談センター … 120

164 索　引

証券検査 …………………………… 121
証券取引等監視委員会 …………… 122
譲渡承諾 …………………………… 77
真正売買 …………………………… 144
信託 ………………………………… 3
信託銀行 ……………………… 5, 158
信託登記 …………………………… 6
信託目録 …………………………… 6
誠実義務 …………………… 28, 53
損害賠償責任 ……………………… 52

た行

第一種金融商品取引業 …………… 26
第二種金融商品取引業 …………… 26
第二種金融商品取引業協会 ……… 24
宅地建物取引業者 ………………… 2
宅地建物取引業法 ………………… 55
宅地建物取引士 …………………… 57
注文伝票 …………………………… 47
適格機関投資家 …………………… 31
適合性の原則 ……………………… 37
デット ……………………………… 154
デュー・ディリジェンス ………… 12
デュー・ディリジェンス会社 …… 158
倒産隔離 …………………………… 144
投資運用業 ………………………… 26
投資助言・代理業 ………………… 26
投資信託及び投資法人に関する法律 …… 135
当初委託者 ………………………… 4
特定事業者 ………………………… 61
特定投資家 ………………………… 29
特定取引 …………………………… 61
特定目的会社 ……………………… 149
特定目的会社による特定資産の流動化に関す
　る法律 …………………………… 135
特別の利益の提供 ………………… 99
匿名組合 …………………………… 146
トランシェ ………………………… 154
トランチング ……………………… 154

取引記録 …………………………… 60
取引残高報告書 …………………… 43
取引時確認 ………………………… 60
取引日記帳 ………………………… 47

な行

二重課税の回避 …………………… 143
任意組合 …………………………… 143
認定消費者保護団体 ……………… 120

は行

媒介 ………………………………… 16
媒介委託契約 ……………………… 81
媒介等取引記録 …………………… 47
売買 ………………………………… 15
パススルー ………………………… 143
発行 ………………………………… 15
犯罪による収益の移転防止に関する法律 …… 60
ビークル …………………………… 143
秘密保持誓約書 …………………… 76
ファンド …………………………… 129
不動産証券化 ……………………… 129
不動産信託受益権 ………………… 1
不動産特定共同事業スキーム …… 151
不動産特定共同事業法 ……… 8, 135
不動産ファンド …………………… 129
プロ成り …………………………… 30
プロパティ・マネジメント会社 … 158
ペイスルー ………………………… 143
法定書面 …………………………… 41
法定帳簿 …………………………… 46

ま行

マネー・ローンダリング ………… 60
みなし有価証券 …………………… 23
メザニンローン …………………… 155

や行

有価証券 …………………………… 23

索　引　165

ら行

臨店検査 ……………………………… 123

レバレッジ ……………………………… 155
レンダー ………………………………… 158
レントロール …………………………… 66

【著者紹介】

衣川　信行（きぬがわ　のぶゆき）

不動産コンサルティングマスター，宅地建物取引士
東京都新宿区生まれ。
早稲田大学法学部卒業後，三井不動産リアルティ（旧三井不動産販売）にて新築営業，個人仲介営業，法人仲介営業などを担当。のち，第二種金融商品取引業協会にて，不動産信託受益権関係業務，研修業務などを担当した。現在は，不動産団体の監事を務める。
著書に『中古住宅の買い方・売り方』『不動産業独立・開業と実務ハンドブック』（ともに住宅新報）がある。

基礎からわかる
不動産信託受益権取引の実務

2025年2月20日　第1版第1刷発行

著　者	衣　川	信	行
発行者	山　本		継

発行所　㈱中央経済社

発売元　㈱中央経済グループ
　　　　パブリッシング

〒101-0051　東京都千代田区神田神保町1-35
電話　03(3293)3371(編集代表)
03(3293)3381(営業代表)
https://www.chuokeizai.co.jp
印刷／㈱堀内印刷所
製本／侑井上製本所

© 2025
Printed in Japan

＊頁の「欠落」や「順序違い」などがありましたらお取り替えいたしますので発売元までご送付ください。（送料小社負担）
ISBN978-4-502-52611-4　C3032

JCOPY〈出版者著作権管理機構委託出版物〉本書を無断で複写複製（コピー）することは，著作権法上の例外を除き，禁じられています。本書をコピーされる場合は事前に出版者著作権管理機構（JCOPY）の許諾を受けてください。
　JCOPY〈https://www.jcopy.or.jp　eメール：info@jcopy.or.jp〉